LeFloid mit Jonas Lanig
Wie geht eigentlich Demokratie?

Florian Mundt wurde 1987 in Berlin geboren und studiert Psychologie an der Berliner Humboldt-Universität. Sein YouTube-Kanal ›LeFloid‹ ist einer der meistabonnierten YouTube-Kanäle Deutschlands. Dort kommentiert er aktuelle Themen, Schlagzeilen und Nachrichten aus den Medien. Er wurde bereits mit dem Deutschen Webvideopreis, der 1Live Krone und dem Publikumspreis des Grimme Online Awards ausgezeichnet.

Weitere Informationen finden sich auf www.fischerverlage.de

Originalausgabe

Erschienen bei FISCHER Taschenbuch
Frankfurt am Main, September 2017

© 2017 S. Fischer Verlag GmbH,
Hedderichstr. 114, D-60596 Frankfurt am Main

Layout & Satz: Christiane Hahn & Christina Hucke, Frankfurt am Main
Druck und Bindung: GGP Media GmbH, Pößneck
Printed in Germany
ISBN 978-3-7335-0422-9

LeFloid
mit Jonas Lanig

WIE GEHT EIGENTLICH DEMOKRATIE?

#FragFloid

Fischer Taschenbuch

INHALT

1. WAS DU UNBEDINGT VORHER WISSEN SOLLTEST — 11

DEMOKRATIE IN DEUTSCHLAND — 12

DAS GRUNDGESETZ — 16

DER RECHTSSTAAT — 19

DER SOZIALSTAAT — 23

DER BUNDESSTAAT — 30

2. WIE FUNKTIONIERT JETZT EIGENTLICH POLITIK IN DEUTSCHLAND? — 35

DER BUNDESTAG — 36

DIE BUNDESREGIERUNG — 45

DER BUNDESRAT — 54

3. WER MACHT EIGENTLICH DIE GESETZE UND WER HAT RECHT?   66

DIE GESETZGEBUNG   67

REGIERUNGSHANDELN   72

DIE RECHTSPRECHUNG   77

4. DEUTSCHLAND UND ANDERE LÄNDER   83

POLITIK INTERNATIONAL   84

DIE EUROPÄISCHE UNION   93

5. WARUM DU WÄHLEN GEHEN SOLLTEST   99

WAHLEN   100

DER WAHLKAMPF   117

POLITIKER REDEN GERN   131

DIREKTE DEMOKRATIE   139

6. PARTEIEN UND POLITIKER — 151

POLITIK ALS BERUF — 152

DIE PARTEIEN — 161

DIE MEDIEN — 181

7. WAS WIR TUN KÖNNEN, UM ETWAS ZU VERÄNDERN — 192

DIE ZIVILGESELLSCHAFT — 193

8. INTERVIEWS — 203

SUSANNE BAER, Bundesverfassungsgericht — 204

DOROTHEE BÄR, CSU — 212

KATARINA BARLEY, SPD — 219

GREGOR GYSI, Die Linke — 229

WINFRIED KRETSCHMANN, Bündnis 90/Die Grünen — 234

ALEXANDER GRAF LAMBSDORFF, FDP	239
CHRISTIAN LINDNER, FDP	246
THOMAS DE MAIZIÈRE, CDU	251
FRAUKE PETRY, AfD	256
PETER TAUBER, CDU	259
SAHRA WAGENKNECHT, Die Linke	265

1. WAS DU UNBEDINGT VORHER WISSEN SOLLTEST

#DEMOKRATIE IN DEUTSCHLAND

☝ *1989 gingen viele Bürger der DDR auf die Straße, weil sie für ihr Land demokratische Verhältnisse forderten. Dabei war die DDR der Form nach ein demokratisches Land. Sie nannte sich ja auch »Deutsche Demokratische Republik«. Die DDR gab sich einen demokratischen Anstrich, war aber ein diktatorisches System. So tagte hier regelmäßig das Parlament, alle vier Jahre fanden Wahlen statt, und die Bürger konnten sogar zwischen verschiedenen Parteien wählen. In Wirklichkeit aber vollstreckte das Parlament nur die Beschlüsse der Parteiführung, die Ergebnisse der Wahlen standen vorher schon fest, und die anderen Parteien wurden durch die SED (Sozialistische Einheitspartei Deutschlands) ferngesteuert. Mit einer funktionierenden Demokratie hatte das alles nichts zu tun.*

Die Demokratie ist ein wichtiger Grundpfeiler unserer Verfassung. Sie ist an ganz bestimmte Inhalte gebunden. Das Grundgesetz schreibt vor, welche Bedingungen für ein demokratisches Zusammenleben erfüllt sein müssen.

☒ In einer Demokratie geht **alle Macht vom Volk aus.**
   Die Bürger sind also die eigentlichen »Bestimmer«.

☒ In einer Demokratie herrscht **Gewaltenteilung**.
   Die gesetzgebende Gewalt *(Legislative)*, die vollziehende

Gewalt *(Exekutive)* und die rechtsprechende Gewalt *(Judikative)* teilen sich die Macht und kontrollieren sich gegenseitig.

- In einer Demokratie werden die **Regierenden kontrolliert**. Die Regierung kann nicht schalten und walten, wie es ihr gefällt. Ihr steht das Parlament gegenüber – die gewählten Volksvertreter, die nicht alles durchgehen lassen.

- Eine Demokratie braucht **Parteienpluralismus**. Keine Partei darf die ganze Macht für sich beanspruchen. Es ist wichtig, dass es verschiedene Parteien mit unterschiedlichen Meinungen gibt. Nur so kann es an der Spitze des Staates auch immer wieder zu einem Wechsel kommen.

- In einer Demokratie gilt der **Schutz politischer Minderheiten**. Vor allem die *Opposition* innerhalb des Parlaments – also die Parteien, die nicht die Regierung bilden – sollte öffentlich wahrgenommen werden. So wird den Bürgern bewusst, dass es zur Arbeit der Regierung jeweils auch eine Alternative gibt.

- In einer Demokratie haben die Bürger bestimmte **Menschenrechte**. Sie sind der Willkür der politischen Führung nicht schutzlos ausgeliefert. Ihre Rechte sind durch die drei Gewalten *(Exekutive, Legislative, Judikative)* geschützt.

Die Bevölkerung kann ihren Willen auf unterschiedliche Weise durchsetzen. Wenn die Bürger zu einzelnen Themen direkt befragt werden, kommt es zu einer Volksabstimmung (direkte Demokratie). Sie können aber auch Politiker ihres Vertrauens in die Parlamente wählen, die dann in ihrem Sinne entscheiden (repräsentative Demokratie). In den meisten Demokratien werden beide Möglichkeiten der Bürgerbeteiligung genutzt – so wenigstens im Ansatz auch bei uns.

Es gibt auch Gruppen und Parteien, die unsere demokratische Ordnung lieber abschaffen würden und sie deshalb aktiv bekämpfen. Das darf sich eine Demokratie natürlich nicht gefallen lassen. Das politische System in Deutschland geht als **wehrhafte Demokratie** mit allen legalen Mitteln gegen ihre Feinde vor. Das Bundesverfassungsgericht kann demokratiefeindliche Parteien verbieten lassen. Die Regierung kann Vereine auflösen, wenn diese gegen die Verfassung handeln. Verfassungsfeinden können sogar einzelne Grundrechte entzogen werden.

Das unterscheidet die Bundesrepublik von der Weimarer Republik. Die NSDAP konnte zur größten Partei aufsteigen, obwohl sie die Demokratie abschaffen wollte. In der Bundesrepublik wäre so eine Partei vom Bundesverfassungsgericht verboten worden. Niemand darf demokratische Rechte nutzen, um der Demokratie zu schaden. Feinde der Demokratie haben null Toleranz verdient.

In der Politik sind die demokratischen Prinzipien genau festgelegt. Wie demokratisch geht es aber in unseren Schulen, unseren Betrieben oder unseren Kasernen zu? Hier gibt es noch großen Handlungsbedarf, denn ein Land ist nur dann wirklich demokratisch, wenn das für alle gesellschaftlichen Bereiche gilt. Eine umfassende **Demokratisierung** unserer Gesellschaft ist noch längst nicht erreicht. Immerhin gibt es viele positive Beispiele:

⊗ In einigen Städten werden die Interessen eines Stadtteils in *Bezirksausschüssen* verhandelt.

- ⊗ In vielen Städten und Gemeinden gründen unter 18-Jährige eigene *Jugendparlamente*.

- ⊗ Vielerorts kümmern sich *Behinderten-, Senioren-* oder *Ausländerbeiräte* um die Anliegen dieser Minderheiten.

- ⊗ In vielen Unternehmen wählen die Mitarbeiter einen *Betriebsrat*, der ihre Interessen gegebenenfalls auch vor dem Arbeitsgericht vertritt.

- ⊗ *Diözesanräte* oder *Synoden* der beiden christlichen Kirchen sorgen dafür, dass auch die Interessen der Laien gewahrt werden.

- ⊗ In der Bundeswehr gilt das Leitbild des *Staatsbürgers in Uniform*, der nicht nur zu gehorchen hat. Ihm stehen auch demokratische Rechte zu.

- ⊗ In den Aufsichtsgremien der weiterführenden Schulen sind immer Schüler vertreten – auch wenn solche *Schulkonferenzen* unterschiedlich viel zu sagen haben.

Wer sich politisch engagieren möchte, ist also nicht auf eine Parteikarriere angewiesen. In einer demokratischen Gesellschaft kann jeder mitmischen. Jugendliche können für die Schülervertretung ihrer Schule oder für einen Sitz im Jugendparlament kandidieren. Man muss nicht 18 Jahre alt sein, um den Kirchengemeinderat zu wählen. Und schon 15-Jährige können in die Jugend- und Auszubildendenvertretung ihres Betriebs gewählt werden. Wer nicht bis zu seinem 18. Geburtstag warten möchte, kann auf diese Weise erste Erfahrungen mit einer gelebten Demokratie sammeln.

#DAS GRUNDGESETZ

Das Grundgesetz ist die Verfassung unseres Landes – ein Vertrag, den das Volk geschlossen hat. Darin sind Form und Aufbau sowie Rechte und Pflichten des Staates und seiner Bürger festgelegt. Das Grundgesetz ist das wichtigste Dokument unserer Demokratie – wichtiger als jedes Gesetz und jede Regierungserklärung. Kein Gesetz, das neu beschlossen wird, darf das Grundgesetz verletzen.

Das Grundgesetz wurde vom *Parlamentarischen Rat* beschlossen, der am 1. September 1948 seine Arbeit aufnahm. Die 65 gewählten Mitglieder des Parlamentarischen Rats gehörten verschiedenen Parteien an. Sie hatten das Ende der Weimarer Republik und die Schreckensherrschaft der Nationalsozialisten miterlebt. Und sie waren sich einig, dass sich so etwas nicht wiederholen durfte.

Die Väter und Mütter des Grundgesetzes waren bemüht, einige Konstruktionsfehler der Weimarer Reichverfassung zu vermeiden. So wurde das Prinzip der repräsentativen Demokratie konsequent umgesetzt, der Präsident zugunsten des Kanzlers entmachtet und die Stellung der Länder aufgewertet. Damit will das Grundgesetz vielen Konflikten vorbeugen, die die Weimarer Republik belastet hatten.

Wer zum ersten Mal im Grundgesetz blättert, findet sich in der Vielzahl der Artikel – es sind insgesamt 146 – vielleicht nicht gleich zurecht. Da hilft ein Blick auf die Gliederung unserer Verfassung:

ARTIKEL	INHALT	ERKLÄRUNG
	Präambel	Die Präambel ist eine Art Vorwort.
1-19	Die Grundrechte	Hier sind die Schutz- und Freiheitsrechte zusammengefasst, auf die alle Bürger des Landes oder Menschen, die sich hier aufhalten, Anspruch haben.
20-115	Institutionelle Regelungen	Hier wird erklärt, wie das politische System funktioniert.
116-146	Übergangs- und Schlussbestimmungen	Hier ist zum Beispiel geregelt, wann das Grundgesetz seine Gültigkeit verliert.

Das Grundgesetz lässt sich nicht nach Belieben umschreiben. Für eine Änderung der Verfassung hat der Parlamentarische Rat hohe Hürden eingebaut. Eine Änderung kann nur beschlossen werden, wenn mindestens zwei Drittel der Mitglieder des Bundestages und des Bundesrates zustimmen. In der Regel bedeutet das, dass einer Änderung des Grundgesetzes auch die Opposition zustimmen, und dass ein breiter Konsens vorliegen muss.

Einige Artikel des Grundgesetzes sind sogar so wichtig, dass sie gar nicht geändert werden können, auch nicht mit einer Zweidrittelmehrheit. Diese Artikel bilden die Grundlage unseres demokratischen Systems. Fachleute sprechen vom **Verfassungskern** des Grundgesetzes.

Zum Verfassungskern gehören:

> **?!**
>
> **Föderalismus** ist ein Prinzip der Staatsorganisation, bei dem die einzelnen Glieder eines Bundesstaates in gewissen Dingen eigenständig entscheiden dürfen.

Artikel 1: Die Würde des Menschen ist unantastbar.

Artikel 20: Die Verfassung definiert die Grundsätze der Demokratie, des Sozialstaats, des Rechtsstaats und des Föderalismus.

Artikel 79 Absatz 3: Erklärt die Artikel 1 und 20 für unveränderbar → Ewigkeitsklausel.

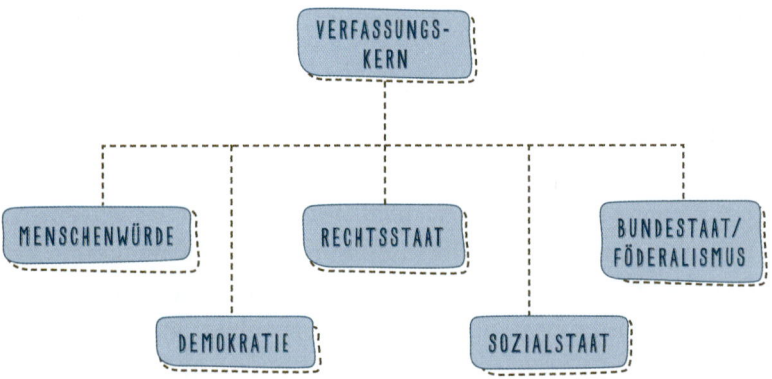

Das Grundgesetz enthält also die Grundpfeiler unserer politischen Ordnung und lässt nicht zu, dass diese Grundpfeiler abgeschafft oder verändert werden.

#DER RECHTSSTAAT

Jeder Bürger möchte, dass es in seinem Land gerecht zugeht. Niemand will zu Unrecht verurteilt werden oder ohne Gesetze leben. Regeln, auf die sich jeder verlassen kann, und eine funktionierende Rechtsprechung geben der Bevölkerung ein Gefühl der Sicherheit.

Das nutzen auch Diktaturen oder autoritäre Systeme aus. Sie tun so, als würden sie sich an die Grundsätze des Rechtsstaates halten, versuchen damit aber nur von ihrer menschenverachtenden Politik abzulenken.

> *Die Führung des Dritten Reichs wollte jeden, der sich am 20. Juli 1944 am Attentat auf Adolf Hitler beteiligt hatte, so schnell wie möglich hinrichten. Natürlich nicht als Mordkommando, sondern unter dem Deckmantel des Rechtsstaates. Während Graf von Stauffenberg und seine engsten Vertrauten noch am Tag des Attentats erschossen wurden, mussten sich ihre Mitstreiter vor dem Volksgerichtshof rechtfertigen. Dieses Gerichtsverfahren diente jedoch nicht der Wahrheitsfindung. Die Angeklagten waren längst verurteilt und wurden durch den Vorsitzenden Richter beschimpft und beleidigt.*

Aber was macht einen Rechtsstaat eigentlich aus? Und wer sorgt dafür, dass die Regeln eingehalten werden?

⊗ Rechtsbindung

Das Recht ist kein frei schwebender Zustand. Es ist immer an Gesetze, Verordnungen und Erlasse gebunden. Alle geltenden Regeln werden schriftlich festgehalten. Die Rechtsbindung ist den Bürgern sehr wichtig. Sie verspricht Verlässlichkeit und Berechenbarkeit.

👉 *Bis zum Jahr 2007 hatten es Stalker ziemlich leicht. Sie konnten ihren Opfern nachstellen und sie belästigen, ohne rechtliche Konsequenzen fürchten zu müssen. Erst durch ein neues Gesetz wurde im Strafgesetzbuch verbindlich festgelegt, dass Stalker sich strafbar machen. Damit sollen Stalkingopfer besser geschützt werden.*

⊗ Unabhängigkeit der Justiz

Die Regierung darf sich nicht in die Arbeit der Richter einmischen. Sie darf einem Richter keine Anweisungen erteilen, ihm sein Amt wegnehmen oder ein laufendes Verfahren entziehen. Denn nur ein wirklich unabhängiges Gericht dient dem Recht.

👉 *Zu Beginn des Jahres 2017 wurde der Journalist Deniz Yücel in der Türkei verhaftet, weil er gegen geltende Gesetze verstoßen haben soll. Obwohl das Verfahren gegen ihn noch nicht eröffnet war, behauptete der türkische Staatspräsident auf einer Kundgebung, Yücel sei ein Terrorist und deutscher Spion. Ein solches Urteil hätte nur ein Richter fällen dürfen – und das auch erst nach Abschluss der Beweisaufnahme. In einer Demokratie hätte der Staatspräsident dem Urteil des Gerichts nicht vorgreifen dürfen.*

⊗ Gleichheit vor dem Gesetz

In einem Rechtsstaat müssen alle Bürger gleich behandelt werden. Niemandem steht eine Sonderbehandlung zu – ganz egal, wie bekannt er ist, wie viel er verdient oder welches Amt er bekleidet.

👉 In einem Dekret hatte der amerikanische Präsident Anfang 2017 Bürgern aus muslimisch geprägten Ländern die Einreise in die USA untersagt. Mehrere amerikanische Staaten klagten gegen diese Entscheidung – und konnten sich damit zunächst vor den zuständigen Gerichten durchsetzen. Der Bundesanwalt von Washington, D. C., fühlte sich durch diesen Richterspruch in seiner Meinung bestätigt: »Niemand steht über dem Gesetz – auch nicht der Präsident der Vereinigten Staaten von Amerika.«

⊗ Rechtswegegarantie
Wenn sich ein Bürger ungerecht behandelt fühlt, hat er die Möglichkeit, eine bestimmte Entscheidung durch ein unabhängiges Gericht überprüfen zu lassen. Daraus dürfen ihm keine negativen Folgen entstehen.

👉 Das Land Nordrhein-Westfalen untersagte zwei Lehrerinnen, im Unterricht ein Kopftuch zu tragen. Das Land sah dadurch den Schulfrieden gefährdet. Die Pädagoginnen zogen vor die Arbeitsgerichte, doch diese bestätigten die Entscheidung der Landesregierung. Schließlich schöpften sie die Rechtswegegarantie aus und legten ihren Fall dem Bundesverfassungsgericht vor. Die Richter des höchsten deutschen Gerichts hoben die Rechtsprechung der anderen Gerichte auf. Die Lehrerinnen hatten in letzter Instanz doch noch Recht bekommen und durften das Kopftuch wieder in der Schule tragen.

Der Rechtsstaat gerät an seine Grenzen, wenn sich immer mehr Menschen an die Gerichte wenden, weil sie anderen Formen der Konfliktlösung nicht trauen. Meinungsverschiedenheiten unter Nachbarn, die früher bei einem Bier geklärt wurden, landen heute oft vor Gericht. Väter müssen sich häufig durch sämtliche Instanzen klagen, damit sie die von ihnen getrennt lebenden Kinder wenigstens ab und zu sehen dürfen. Der Gang zum Gericht erscheint immer mehr Menschen als einziger Ausweg.

#DER SOZIALSTAAT

Nur wer den Kopf dafür frei hat, nimmt auch am politischen Leben teil. Menschen in sozialen Notlagen haben oft andere Sorgen, als sich mit Fragen der Demokratie oder des Rechtsstaats zu beschäftigen. Für sie gilt, was der Dichter Bertolt Brecht einmal sehr drastisch formuliert hat: »Erst kommt das Fressen, dann kommt die Moral.«

Eine funktionierende Demokratie verspricht soziale Sicherheit. Niemand soll Angst davor haben, nicht mehr für seinen Lebensunterhalt aufkommen zu können. In schwierigen Lebenslagen haben die Menschen in unserem Land deshalb Anspruch auf öffentliche Unterstützung. Das *Sozialstaatsgebot* des Grundgesetzes verpflichtet den Staat, entsprechende Hilfen zur Verfügung zu stellen. Dem Sozialstaat stehen dabei zwei Möglichkeiten offen:

- **Die öffentliche Fürsorge**
  Der Staat kümmert sich um Menschen, die aus eigener Kraft nicht mehr aus ihrer Notlage herausfinden und auf direkte Unterstützung angewiesen sind. In diesem Fall greift die Fürsorge staatlicher Stellen ein. Arme, Kranke, Behinderte, Alte oder Flüchtlinge haben Anspruch auf Hilfe – egal ob sie vorgesorgt haben oder nicht.

- **Die Daseinsvorsorge**
  Gleichzeitig muss der Staat dafür sorgen, dass seine Bürger im Falle einer Notsituation abgesichert sind. Dazu gehören alle vorbeugenden Maßnahmen. So kann eine gute Schulbildung verhindern, dass man später arbeitslos wird. Und wer sich regelmäßig fit hält, beugt möglichen Krankheiten

vor. Jeder Mensch soll in die Lage versetzt werden, sich durch vorbeugende Maßnahmen gegen soziale Risiken wie Arbeitslosigkeit, Krankheit, Berufsunfähigkeit oder Pflegebedürftigkeit abzusichern.

Um eine soziale Sicherheit zu gewährleisten, stehen dem Staat verschiedene Mittel zur Verfügung. Dazu zählen alle **direkten Hilfen,** die an die Betroffenen ausgezahlt werden, sowie die **indirekten Hilfen** in Form steuerlicher Vergünstigungen.

Beispiele für **direkte Hilfen:**

- **Kindergeld**, das allen Familien zusteht
- Leistungen nach dem Bundesausbildungsförderungsgesetz **(BAföG)**
- **Wohngeld** als Zuschuss zur Miete
- die Grundsicherung für Arbeitslose und Kleinrentner (auch **Hartz IV** genannt)

Beispiele für **indirekte Hilfen:**

- **Ehegattensplitting** für Verheiratete (das zu versteuernde Einkommen wird zu gleichen Teilen auf beide Ehepartner verteilt).
- besondere **Freibeträge** für die im Haushalt lebenden **Kinder**
- Entlastungen für **Vorsorge- und Versicherungsaufwendungen**

⊗ Abzugsfähigkeit von **Spenden** für soziale Zwecke

Der Staat investiert aber auch in soziale Einrichtungen. Städte und Gemeinden engagieren sich im Bereich der **sozialen Infrastruktur** und stellen dafür Geld zur Verfügung. Vielen Menschen wird in solchen Einrichtungen mehr geholfen als durch Hilfen, die ihnen direkt ausgezahlt werden. Zur sozialen Infrastruktur gehören

⊗ Einrichtungen für **Kinder** – von der Krippe bis zur Ganztagsschule

⊗ besondere Orte für **Jugendliche** – vom Bolzplatz bis zum Jugendzentrum

⊗ Angebote der **Gesundheitsversorgung** – vom Krankenhaus bis zur Suchtberatung

⊗ eigene Einrichtungen für **Flüchtlinge** – von der Sammelunterkunft bis zum Integrationsunterricht

Die eigentliche Basis des Sozialstaats bildet jedoch das System der **Sozialversicherung**. Alle Arbeitnehmer zahlen regelmäßig ihre Beiträge ein – und bekommen entsprechende Leistungen zurück, wenn sie in eine Notlage geraten sind. Nach diesem Prinzip funktioniert eigentlich jede Versicherung. Der Unterschied ist, dass für die wichtigsten fünf Sozialversicherungen eine *Versicherungspflicht* besteht. Den Arbeitnehmern wird ein Teil ihres Lohns abgezogen, der als Versicherungsbeitrag in die Sozialkasse fließt.

Das System der sozialen Sicherungssysteme hat eine lange Tradition. Die gesetzliche Krankenversicherung für alle Arbeit-

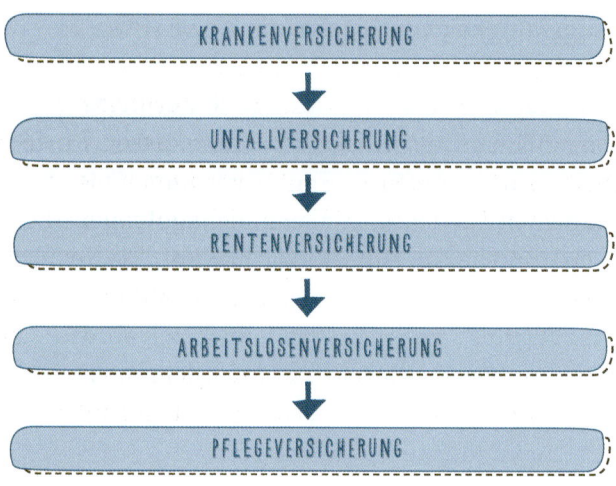

nehmer wurde bereits im Jahr 1883 eingeführt. Als jüngste Versicherung kam 1995 die Pflegeversicherung dazu. Nach dem klassischen Modell der Sozialversicherung müssen sich auch die Arbeitgeber an der Finanzierung der Sozialkassen beteiligen. Der Arbeitgeberanteil ist in der Regel genauso groß wie der Betrag, den die Arbeitnehmer in die Sozialkassen einzahlen müssen.

☞ *Der Beitragssatz für die Rentenversicherung wurde von der Bundesregierung auf 18,7 % des Einkommens festgesetzt. Die eine Hälfte wird dem Arbeitnehmer von seinem monatlichen Einkommen abgezogen. Die andere Hälfte übernimmt jeweils der Arbeitgeber. In der Krankenversicherung liegt der Anteil des Arbeitgebers bei 7,3 %, während der Arbeitnehmer im Durchschnitt 8,4 % zahlen muss. In diesem Punkt hat die Politik offenbar dem Druck der Unternehmen nachgegeben, die ständig über die angeblich zu hohen Lohnnebenkosten klagen.*

Aber kann der Sozialstaat auf diese Weise weiter funktionieren? Immer mehr alte Menschen leben in unserem Land. Dieser **demographische Wandel**, also die Bevölkerungsentwicklung, bedroht vor allem die Zukunft der Rentenkassen. Immer weniger Arbeitskräfte müssen die Renten von immer mehr Senioren erwirtschaften. Das kann auf Dauer nicht gutgehen. Die Politik hat bereits erste Gegenmaßnahmen ergriffen. Die Rente beginnt künftig erst mit 67, und die Höhe der ausgezahlten Beträge wird deutlich abgesenkt. Schon jetzt zeichnet sich ab, dass dadurch die *Altersarmut* zunehmen wird. Außerdem müssen die Rentenkassen in Zukunft durch zusätzliche Steuermittel gestützt werden.

Wenn der Sozialstaat erhalten bleiben soll, gibt es für die Politik also viel zu tun. Leider fehlt den Politikern oft der Mut, um bahnbrechende Entscheidungen zu treffen. Dieses Zögern geht vor allem zu Lasten der jungen Generation. Sie muss eines Tages die Zeche zahlen, wenn nicht rechtzeitig gegengesteuert wird.

FUNFACTS #1

1 Es wird gemunkelt, dass neben dem täglich wechselnden Angebot die Currywurst eines der beliebtesten Gerichte in der Kantine des Deutschen Bundestages ist. #welove #currywurst

2 Rund **35,3 Millionen** Gäste hat der Besucherdienst des Deutschen Bundestages in den Jahren 2002 bis 2016 betreut. Im Jahr 2016 waren es allein 1.106.177 Besucher. (Stand 1.4.2017) Damit landet das Reichstagsgebäude aber nur auf Platz 17 der beliebtesten deutschen Sehenswürdigkeiten (weiter oben im Ranking stehen z.B. Schloss Neuschwanstein, der Kölner Dom und das Oktoberfest.)

Die gläserne Reichstagskuppel wurde von dem britischen Architekten Sir Norman Forster entworfen. (Unter vielen anderen bekannten Gebäuden hat er die Hauptverwaltung der Swiss Re in London – auch »Gherkin« (Gurke) genannt – und den Commerzbank-Tower in Frankfurt am Main entworfen)

3

4

Rund **2500** Angestellte arbeiten im Bundestag. Das ist etwa viermal so viel wie die durchschnittliche Schüleranzahl an deutschen Schulen.

#DER BUNDESSTAAT

In einer Demokratie darf niemand die Macht für sich allein beanspruchen. Es gilt das Prinzip der **Gewaltenteilung**. Unterschiedliche Persönlichkeiten und Einrichtungen teilen sich die Macht, tragen die gemeinsame Verantwortung und kontrollieren sich gegenseitig. Es gibt verschiedene Arten der Gewaltenteilung. In der *horizontalen Gewaltenteilung* nehmen die Regierung, das Parlament und die Justiz die Macht ein. In der *vertikalen Gewaltenteilung* müssen sich der Bund, die Länder und die Kommunen miteinander verständigen. Ein *föderalistischer* Staat besteht aus mehreren Gliedern, die politische Entscheidungen eigenständig treffen. Diese werden immer auf diesen drei Ebenen getroffen:

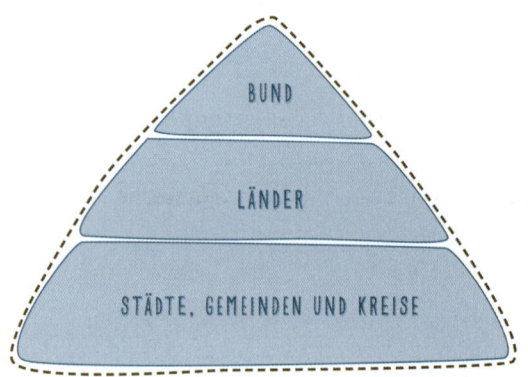

Es gibt sehr unterschiedliche Vorstellungen darüber, wie viel Föderalismus ein Land zulassen will und welchen Einfluss die vertikale Gewaltenteilung haben soll.

☒ In *Frankreich* hat man sich für einen zentralistischen **Einheitsstaat** entschieden. Es gibt zwar auch einzelne

Regionen oder Departements, die eigentliche Macht geht jedoch von der Hauptstadt aus.

⊗ Die *Vereinigten Staaten von Amerika* setzen dagegen ganz auf das Prinzip des **Bundesstaates**. Die 50 Bundesstaaten sind zwar zu einem übergeordneten Staat zusammengeschlossen, ohne jedoch auf ihre Eigenständigkeit zu verzichten.

Die Bundesrepublik versteht sich als föderalistischer Staat, der eher dem Modell des Bundesstaats entspricht als einem zentral gesteuerten Einheitsstaat. Damit der Föderalismus auch wirklich funktioniert, ist jede Ebene staatlichen Handelns für bestimmte Aufgaben zuständig.

⊗ Der Bund kümmert sich um die **Außen- und Sicherheitspolitik**.

⊗ Die Länder entscheiden über Fragen zu **Bildung und Schule**.

⊗ Städte und Gemeinden regeln die örtliche **Bau- und Verkehrsplanung**.

Manchmal bringt die Aufteilung der Kompetenzen auch Nachteile mit sich. Jedes Bundesland stellt zum Beispiel seine eigenen Lehrpläne auf, weil die Schulpolitik Ländersache ist. Zieht eine Familie in ein anderes Bundesland um, müssen sich die Kinder in der Schule oft auf andere Bedingungen einstellen.

☞ Die Bildungsstatistik beweist, dass es zwischen den Bundesländern erhebliche Unterschiede gibt. Darunter haben vor allem die Schüler zu leiden. In Hamburg legen durchschnittlich 62,5 % eines Jahrgangs das Abitur ab,

in Sachsen-Anhalt schaffen das nur 38,1 %. In Bayern bleiben 4,8 % der Schüler in den Klassen 7 bis 9 sitzen, in Sachsen betrifft das nur 1,6 %. In Hamburg haben 88,3 % aller Schüler Anspruch auf einen Ganztagsplatz, in Bayern nur 15 %. Der Bildungsföderalismus produziert also jede Menge Ungleichheit und Ungerechtigkeit. (Quelle: Chancenspiegel)

Die Diskussion um die unterschiedlichen Bildungschancen zeigt deutlich, dass der Föderalismus hierzulande nicht nur Freunde hat. Viele Menschen sind der Meinung, dass die Befugnisse der Länder in Sachen Bildung und Schule auf den Bund übertragen werden sollten. Sie sind für ein zentrales Schulministerium und bundeseinheitliche Prüfungen.

Interview mit Ministerpräsident Winfried Kretschmann zum Thema Föderalismus auf Seite 234

Sollte der Bildungsföderalismus wirklich abgeschafft werden?

ARGUMENTE FÜR DEN BILDUNGSFÖDERALISMUS	ARGUMENTE GEGEN DEN BILDUNGSFÖDERALISMUS UND FÜR EIN BUNDESEINHEITLICHES SCHULSYSTEM
Zwischen den einzelnen Ländern gibt es große kulturelle Unterschiede, die sich auch im pädagogischen Angebot der Schulen niederschlagen sollten.	Es ist kaum möglich, in ein anderes Bundesland zu wechseln, weil die Ansprüche sehr unterschiedlich sind.

Die Länder können voneinander lernen und sich von den Erfolgen der anderen anspornen lassen.	Manche Länder verlangen von den Schülern weniger, andere verlangen mehr. Dadurch sind Zeugnisse und Noten nicht miteinander vergleichbar.
Es ist leichter, pädagogische Reformen auf Landesebene durchzusetzen, als dafür alle 16 Bundesländer zu gewinnen. Der Bund ist ein schwerfälliger Tanker.	Besonders konservative Länder können bestimmte Reformen verhindern. Denn in der Konferenz der Kultusminister werden nur einstimmige Beschlüsse gefasst.
Konkurrenz belebt das Geschäft. Die Länder befinden sich in einem spannenden Wettbewerb um die besten Ideen und die attraktivsten Projekte.	Die europäischen Länder, die beim internationalen PISA-Test besonders gut abgeschnitten haben, verfügen alle über ein zentral gesteuertes Schulwesen.
Ein zentrales System wäre bald überfordert und ließe sich nicht steuern. Kleinere Einheiten lassen sich leichter managen als riesige Beamtenapparate.	Es ist viel effektiver, wenn nicht jedes Land für sich alleine arbeitet, sondern die Entscheidungen an zentraler Stelle fallen. Dadurch lassen sich viele Beamtenstellen einsparen.

In den Ländern gelten manchmal auch andere Gesetze als auf Bundesebene. Solche Widersprüche belasten die Rechtssicherheit. Die Bürger wollen wissen, welches Recht für sie gilt, und sich nicht von gegensätzlichen Vorschriften irritieren lassen.

☞ *Die Verfassung der Freistaats Bayern ging bis 1998 davon aus, dass in besonders schweren Fällen auch die Todesstrafe verhängt werden könnte. Diese Aussage steht in direktem Widerspruch zum Artikel 102 des Grundgesetzes: »Die Todesstrafe ist abgeschafft.« Das hat bei den Menschen in Bayern für viel Verwirrung gesorgt.*

In solchen Fällen gilt der Grundsatz: **»Bundesrecht bricht Landesrecht!«** Im Zweifelsfall gelten also die Gesetze, Verordnungen und Vorschriften, die auf Bundesebene beschlossen oder erlassen wurden. Sie haben immer Vorrang. Insofern sind der Bund und die Länder doch nicht gleichberechtigt.

Föderalismus bedeutet aber nicht, dass jede Ebene staatlichen Handelns für sich bleibt. Das Grundgesetz sieht vor, dass die Länder an der Gesetzgebung des Bundes mitwirken. Bei vielen Gesetzen ist eine Zustimmung des **Bundesrates** – also der Vertretung der Länder – notwendig. Seine Mitglieder können Gesetze stoppen, die vorher im **Bundestag** beschlossen wurden. Sie können aber auch eigene Gesetze einbringen und den Bundestag damit zum Handeln veranlassen. Der Bund und die Länder bewegen nur dann etwas, wenn sie wirklich zusammenarbeiten. Ohne Teamwork geht eben nichts.

2. WIE FUNKTIONIERT JETZT EIGENTLICH POLITIK IN DEUTSCHLAND?

#DER BUNDESTAG

Der Bundestag ist die oberste gewählte Volksvertretung – das Parlament – unseres Landes. Das Parlament wird alle vier Jahre neu gewählt. Diese vierjährige Regierungszeit nennt man Legislaturperiode. Seinen Sitz hat der Deutsche Bundestag im Gebäude des Berliner Reichstags. Jeder kennt bestimmt das Bild der gläsernen Kuppel.

Der Parlamentarische Rat, der auch das deutsche Grundgesetz beschlossen hatte, entschied sich für ein *parlamentarisches Regierungssystem*. In Deutschland ist also die Regierung auf das Parlament angewiesen und von diesem abhängig. Der deutsche Regierungschef wird nicht vom Staatsoberhaupt ernannt, sondern vom Parlament gewählt. Die Regierung kann auch keine Gesetze erlassen, denn die müssen im Parlament beschlossen werden. Der Bundestag nimmt im politischen System unseres Landes also eine zentrale Rolle ein.

Der Bundestag hat mehrere wichtige Funktionen:

Die Wahlfunktion

Der Bundestag wählt die Bundeskanzlerin bzw. den Bundeskanzler und ist an der Wahl der Verfassungsrichter und des Bundespräsidenten beteiligt.

⊗ Die Kontrollfunktion
Der Bundestag passt auf, dass die Regierung ihre Arbeit ordnungsgemäß erledigt und sich dabei an die geltenden Gesetze hält. Da die Regierung im Bundestag meist über eine Mehrheit verfügt, bleibt diese wichtige Aufgabe vor allem den Oppositionsparteien überlassen.

⊗ Die Diskussionsfunktion
Der Bundestag tagt nicht im stillen Kämmerlein, sondern in aller Öffentlichkeit. Es finden Diskussionen statt, die die Bevölkerung bewegen und zu denen jeder Bürger eine Meinung haben sollte.

⊗ Die Gesetzgebungsfunktion
Der Bundestag bereitet Gesetze vor und beschließt sie auch. Viele Gesetze sind nicht mehr zeitgemäß und müssen überarbeitet und angepasst werden. Neue Gesetze sollen Gesetzeslücken schließen. So gab es lange Zeit kein Gesetz, das den Betrieb von Drohnen regelte. Zurzeit berät der Bundestag über eine Flugverkehrsordnung, mit der diese Gesetzeslücke geschlossen werden soll.

⊗ Budgetfunktion
Der Bundestag verabschiedet den Haushalt der Bundesregierung, also alle Einnahmen und Ausgaben des Bundes. Jeder einzelne Posten wird überprüft. Denn beim Geld hört die Freundschaft bekanntlich auf – auch in der Politik.

Die Parlamente anderer Länder arbeiten zum Teil ganz anders als der deutsche Bundestag.

⊗ Das britische Unterhaus ist ein typisches *Redeparlament*. Der Schwerpunkt seiner Tätigkeit liegt auf den Debatten, die hier regelmäßig stattfinden und an denen sich die Abgeordneten engagiert beteiligen.

☒ Der amerikanische Kongress ist dagegen eher ein *Arbeitsparlament*. Die Abgeordneten arbeiten in verschiedenen Ausschüssen an einzelnen Gesetzen.

Der Deutsche Bundestag stellt eher eine Mischform dar. Die Arbeit in den Ausschüssen spielt eine große Rolle, das öffentliche Interesse ist jedoch auf die Debatten im Plenum gerichtet.

An der Spitze des Deutschen Bundestages steht der *Präsident*. Er bildet zusammen mit seinen Stellvertretern das *Präsidium*. Der Präsident wird immer von der größten Fraktion gestellt. Die Stellvertreter werden von den einzelnen Fraktionen des Bundestages entsandt. In der ersten Sitzung des Bundestages übernimmt der älteste Abgeordnete als *Alterspräsident* die Leitung der Geschäfte. Außerdem steht dem Präsidium der *Ältestenrat* des Bundestages zur Seite. Dort sind alle Fraktionen des Parlaments vertreten. Der Ältestenrat bereitet die Bundestagssitzungen vor und beschäftigt sich mit Fragen der Geschäftsordnung.

Jeder Abgeordnete gehört einem oder mehreren Ausschüssen an. In der Regel ist jedem Bundesministerium ein Ausschuss zugeordnet. In diesen **ständigen Ausschüssen** werden die einzelnen Gesetze beraten. Wenn es zu irgendwelchen Ungereimtheiten kommt, muss aber auch die Regierung Rede und Antwort stehen. So musste die Bundesregierung dem Innenausschuss des Bundestages berichten, warum das Attentat auf den Berliner Weihnachtsmarkt im Dezember 2016 nicht verhindert werden konnte.

Neben den ständigen Ausschüssen kann der Bundestag auch **Untersuchungsausschüsse** einrichten, um einzelne Maßnahmen und Verhaltensweisen der Regierung genauer unter die Lupe zu nehmen.

> *Die Abgeordneten des Deutschen Bundestages wollten prüfen, ob der amerikanische Auslandsgeheimdienst NSA auch deutsche Bürger und sogar einzelne Mitglieder der Bundesregierung ausspioniert hatte – und ob er dabei von deutschen Nachrichtendiensten unterstützt wurde. Deshalb wurde ein Untersuchungsausschuss einberufen, der diesen Fragen nachgehen sollte.*

Der Bundestag kann bei Bedarf auch eine **Enquetekommission** einberufen. So eine Arbeitsgruppe besteht aus Abgeordneten aller Fraktionen. Sie beschäftigt sich mit langfristigen Fragestellungen, die sich um die Zukunft unserer Gesellschaft drehen und über die Anforderungen der Tagespolitik hinausgehen. Oft arbeiten auch externe Sachverständige in der Kommission mit. Ihr Fachwissen soll dabei helfen, die meist umfassenden und komplizierten Themen zu durchleuchten.

> *Eine Enquetekommission beschäftigte sich mit der Bevölkerungsentwicklung, dem »demographischen Wandel« in Deutschland. Die Kommission ging den sozialen und wirtschaftlichen Folgen nach, die eine immer älter werdende Gesellschaft mit sich bringt. Seitdem beschäftigt sich die Politik mit der Frage, wie die negativen Folgen des demographischen Wandels aufgefangen werden können.*

Daneben überprüft ein **Parlamentarisches Kontrollgremium** regelmäßig die Arbeit deutscher Geheimdienste. Die Abgeordneten, die diesem Gremium angehören, sind zu strenger Geheimhaltung verpflichtet. Sie dürfen keine Einzelheiten aus ihren Anhörungen ausplaudern – auch wenn sich die Öffentlichkeit noch so sehr dafür interessiert.

Wenn sich Bundestag und Bundesrat nicht einig sind und deshalb ein Gesetz nicht verabschiedet werden kann, entsendet der Bundestag einzelne Abgeordnete in den **Vermittlungsausschuss**. Gemeinsam mit den Vertretern des Bundesrates suchen die Mitglieder des Vermittlungsausschusses nach einer Lösung, mit der beide Seiten einverstanden sind.

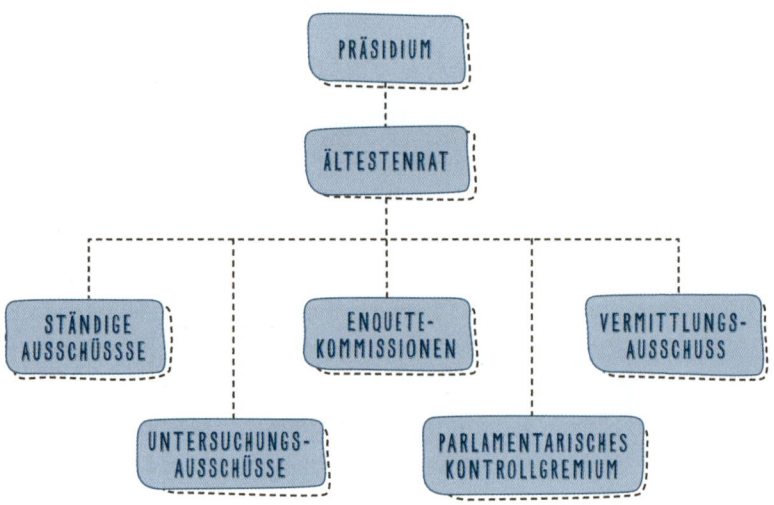

Die Abgeordneten des Deutschen Bundestages tragen eine große Verantwortung. Deshalb hat der Gesetzgeber dafür gesorgt, dass sie besonderen Schutz genießen. Die Abgeordneten können nicht festgenommen werden, ihre Büros oder Wohnungen dürfen nicht durchsucht werden – auch wenn das von einem Richter angeordnet wurde. Diesen besonderen Schutz nennt man **Immu-**

nität. Nur im Plenum des Bundestages kann diese Immunität in einzelnen Fällen aufgehoben werden. Es gehört zu einer parlamentarischen Demokratie, die Abgeordneten vor dem Zugriff staatlicher Gewalt zu schützen.

> 👉 *In diktatorischen und autokratischen Systemen wird den Abgeordneten dieses Schutzrecht verweigert. Das türkische Parlament hob im Mai 2016 die Immunität von 138 Abgeordneten auf. Davon waren vor allem Angehörige der Opposition betroffen. Einige von ihnen kamen ins Gefängnis, auch der Vorsitzende der pro-kurdischen HDP-Fraktion.*

Das Recht auf Immunität wird von einzelnen Parlamentariern aber auch missbraucht.

> 👉 *Ein Bundestagsabgeordneter stand im Verdacht, im Besitz von Kinderpornographie zu sein. Weil der Abgeordnete vor staatsanwaltschaftlichen Zugriffen geschützt war, durfte sein Laptop nicht beschlagnahmt werden. Als der Bundestag schließlich die Immunität des Abgeordneten aufhob, war der Laptop des Abgeordneten unter merkwürdigen Umständen verschwunden. Dem Parlamentarier konnte deshalb nur nachgewiesen werden, was ohnehin schon bekannt war.*

Die Abgeordneten des Bundestages verfügen über ein **freies Mandat.** Sie folgen nur ihrem Gewissen und können immer frei entscheiden. Niemand darf sie unter Druck setzen, einschüchtern oder beeinflussen, auch nicht ihre Parteifreunde oder einzelne Bürger in ihrem Wahlkreis. In der politischen Praxis ist das freie Mandat aber nur bedingt etwas wert. Stimmt ein Abgeordneter zum Beispiel anders ab als seine Fraktion, muss er damit rechnen, beim nächsten Mal nicht mehr für den Bundestag aufgestellt zu werden. Er folgt dann zwar seinem Gewissen, riskiert aber das Ende seiner politischen Karriere.

Alle Abgeordneten zusammen bilden das **Plenum** des Deutschen Bundestages. Abgeordnete derselben Partei schließen sich zu einer **Fraktion** zusammen. Einer Fraktion müssen mindestens 5 % der Abgeordneten angehören. Das ist gesetzlich festgelegt und soll verhindern, dass es innerhalb des Parlaments zu einer Zersplitterung der politischen Kräfte kommt.

Die Fraktionen bilden das Machtzentrum der parlamentarischen Arbeit. Sie entscheiden, welche Abgeordnete in welche Ausschüsse entsandt werden oder wer im Rahmen einer Plenardebatte das Wort ergreifen darf. Die Fraktionsführung achtet darauf, dass ihre Mitglieder einheitlich abstimmen. Sie verlangt eine gewisse *Fraktionsdisziplin* und setzt damit einzelne Abgeordnete unter Druck. Nur bei Fragen von großer ethischer Reichweite ist die Fraktionsdisziplin aufgehoben – wenn zum Beispiel über Fragen abgestimmt wird, die sich mit Tod und Leben befassen. So war die Fraktionsdisziplin außer Kraft gesetzt, als im Bundestag über die Zulässigkeit der Sterbehilfe entschieden wurde. Hier sollte jeder Abgeordnete nur seinem Gewissen folgen.

Für die Fraktionen wird im Plenum des Deutschen Bundestages eine feste Sitzordnung vereinbart. Lange folgte man dabei einer alten Tradition aus dem Preußischen Landtag. Die Sozialdemokraten saßen links, die Konservativen rechts und die Liberalen in der Mitte. Erst in jüngerer Zeit wird die Sitzordnung im Parlament neu gemischt. Der Deutsche Bundestag hat mit dem Preußischen Landtag schließlich nicht mehr viel gemeinsam. Wer politisch eher »links« oder eher »rechts« steht, lässt sich nicht mehr so leicht feststellen.

Unabhängig von der Sitzordnung stehen sich im Deutschen Bundestag zwei große Blöcke gegenüber: die **Regierungskoalition** und die parlamentarische **Opposition**. Die Mehrheitsfraktionen arbeiten eng mit der Regierung zusammen. Die Kontrollfunktion des Parlaments bleibt deshalb den Oppositionsfraktionen überlassen. Die Opposition hat die Aufgabe, auf mögliche Fehler in der Regierungsarbeit aufmerksam zu machen und inhaltliche Alternativen aufzuzeigen. Ist jedoch eine *Große Koalition* am Zug, sind die Oppositionsfraktionen oft zu schwach, um diese Erwartungen zu erfüllen. Das zeigt sich zum Beispiel an der Anzahl der Redebeiträge, die den einzelnen Fraktionen zugestanden werden. Die Opposition fordert zu Recht mehr Beiträge und längere Redezeiten, um wenigstens ein rhetorisches Gegengewicht zur Übermacht der Regierungskoalition zu bilden.

Die Arbeit des Deutschen Bundestages entspricht den unterschiedlichen Aufgaben eines Parlaments. Sie findet im Plenum oder in den Ausschüssen statt. Das Plenum tritt zusammen, wenn

- über einen Gesetzentwurf beraten oder gestritten wird. In diesem Fall spricht man von einer **Plenardebatte**.

- ein Mitglied der Bundesregierung eine **Regierungserklärung** abgibt und die Abgeordneten anschließend darüber diskutieren.

- einzelne Fraktionen eine **Anfrage** an die Bundesregierung gestellt haben und über die Antwort gestritten wird.

- die Regierung den Abgeordneten im Rahmen einer **Fragestunde** Rede und Antwort stehen muss.

auf der Tagesordnung eine **Aktuelle Stunde** steht und die Abgeordneten sich dazu in kurzen Beiträgen äußern können.

Im Rahmen der Ausschüsse gibt es ebenfalls unterschiedliche Arbeitsformen. Die Abgeordneten können externe Fachleute einladen und zu bestimmten Themen oder Gesetzesvorhaben befragen. Sie können aber auch den wissenschaftlichen Dienst des Bundestages in Anspruch nehmen. Damit soll eine »Waffengleichheit« zwischen Regierung und Parlament hergestellt werden. Es soll verhindert werden, dass sich die Minister von ihren Beamten zuarbeiten lassen – und sich die Abgeordneten bei Wikipedia schlau machen müssen. Denn dann hätte die Regierung immer einen uneinholbaren Vorsprung.

Viele außenstehende Beobachter, aber auch viele Abgeordnete kritisieren die offenkundige Ohnmacht des Parlaments. Während die Regierung bei ihrer Arbeit auf viele Beamte zurückgreifen kann, muss ein Abgeordneter mit wenigen Mitarbeitern auskommen. Die Gewaltenteilung funktioniert aber nur, wenn die Legislative der Exekutive ebenbürtig ist. Außerdem sind sie der Meinung, dass die Koalitionsfraktionen der Regierung alles durchgehen lassen. Eine Kontrolle findet nicht mehr statt. Diese Ungereimtheiten unseres parlamentarischen Regierungssystems sind schon lange bekannt. Zu einer notwendigen Reform der Parlamentsarbeit ist es aber bisher nicht gekommen. Das kann auch daran liegen, dass die Mehrheitsfraktionen mit den bisher geltenden Zuständen eigentlich ganz zufrieden sind.

Interview mit dem CDU-Bundestagsabgeordneten Thomas de Maizière auf Seite 251

#DIE BUNDESREGIERUNG

Der Deutsche Bundestag beschließt die Gesetze und ist damit für langfristige Entscheidungen verantwortlich. Die Bundesregierung kümmert sich dagegen um das Alltagsgeschäft. Sie ist das höchste Organ der Exekutive und sorgt dafür, dass unser Land ordentlich geführt und korrekt verwaltet wird.

Die Aufgaben der Bundesregierung:

- Die Bundesregierung richtet die **Bundesbehörden** ein und besetzt sie mit geeigneten Beamten.

  So eine Bundesbehörde ist zum Beispiel das Bundesamt für Migration und Flüchtlinge. Die Beamten sind für die Verteilung von Flüchtlingen und für die Anerkennung von Asylanträgen zuständig.

- Die Bundesregierung setzt die beschlossenen Gesetze um und bringt entsprechende **Verordnungen und Vorschriften** auf den Weg.

  Nach dem Mindestlohngesetz prüft eine Expertenkommission, um welchen Betrag der Mindestlohn jeweils angehoben werden sollte. Die Bundesregierung ist ihrem Vorschlag gefolgt und hat ab Januar 2017 eine Erhöhung des Mindestlohns auf 8,84 Euro angeordnet.

- Die Bundesregierung arbeitet **neue Gesetze** aus und legt sie dem Bundestag vor.

👉 Nach dem Anschlag auf einen Berliner Weihnachtsmarkt im Dezember 2016 hat die Bundesregierung einen Gesetzentwurf vorgelegt, nach dem sogenannte »Gefährder« zum Tragen einer elektronischen Fußfessel verpflichtet werden können.

Die Bundesregierung besteht zunächst aus der Bundeskanzlerin oder dem Bundeskanzler und den Ministern. Sie bilden das *Bundeskabinett*. Der Bundeskanzler nimmt eine starke Stellung ein und verfügt über viel Macht. Experten bezeichnen die Bundesrepublik deshalb auch als *Kanzlerdemokratie*. Schließlich ist der Bundeskanzler Dreh- und Angelpunkt des gesamten Regierungsgeschehens. Sein Amt bildet das wichtigste Machtzentrum unserer Demokratie.

Der Bundeskanzler kann nicht einfach abgewählt, sondern nur durch ein **konstruktives Misstrauensvotum** abgesetzt werden. Das bedeutet: Es muss ein Gegenkandidat aufgestellt werden, hinter dem eine Mehrheit der Abgeordneten steht. Die Abwahl des Bundeskanzlers ist mit so vielen Hürden verbunden, dass von dieser Möglichkeit nur ganz selten Gebrauch gemacht wird.

👉 *In der Geschichte der Bundesrepublik war das konstruktive Misstrauensvotum bisher nur einmal erfolgreich: 1982 wurde der amtierende Bundeskanzler Helmut Schmidt vom Parlament gestürzt. Eine Mehrheit der Abgeordneten wählte an seiner Stelle den CDU-Politiker Helmut Kohl.*

Die Stellung des Bundeskanzlers wird außerdem durch die **Richtlinienkompetenz** gestärkt, die auch im Grundgesetz verankert ist. Der Bundeskanzler darf die Grundzüge der Regierungspolitik bestimmen und muss dazu nicht erst seine Minister befragen. Im Zweifelsfall zählt das Wort des Bundeskanzlers mehr als die Meinungen der anderen Kabinettsmitglieder. Diese können im Konfliktfall nur klein beigeben.

> ☞ Als sich der türkische Staatspräsident durch ein Schmähgedicht des Satirikers Jan Böhmermann angegriffen fühlte, musste die Bundesregierung entscheiden, ob sie ein entsprechendes Strafverfahren zulassen sollte. Viele Minister waren dagegen, aber die Bundeskanzlerin war dafür. Im Rahmen ihrer Richtlinienkompetenz sorgte sie dafür, dass gegen Böhmermann wegen der Beleidigung eines auswärtigen Staatsoberhaupts ermittelt wurde.

Schließlich ist der Bundeskanzler auch deshalb so mächtig, weil ihm ein **Kanzleramt** mit über 480 Mitarbeitern zuarbeitet. Diese Behörde hat sich zum Schaltzentrum der Regierungsmacht entwickelt. Eigentlich hat das Kanzleramt die Aufgabe, die Regierungsarbeit zu koordinieren und die Vorlagen der einzelnen Ministerien aufeinander abzustimmen. Faktisch werden hier aber alle wichtigen Entscheidungen getroffen. In den Ministerien können diese nur angedacht und vorbereitet werden.

> ☞ Als die Bundeskanzlerin wegen ihrer Flüchtlingspolitik ständigen Angriffen ausgesetzt war, reagierte sie mit einer knappen Anweisung: Sie entzog dem Bundesinnenminister die Koordination der Flüchtlingspolitik und übertrug diese an ihren Kanzleramtsminister. Frau Merkel vertraut ihrem eigenen Kanzleramt also mehr als dem zuständigen Innenministerium. Der Bundesinnenminister gab schließlich klein bei.

Bevor der Bundeskanzler gewählt werden kann, muss innerhalb des Parlaments eine regierungsfähige Mehrheit gefunden werden. Dazu verständigen sich zwei oder mehr Parteien auf eine **Koalition**. Das heißt, sie schließen sich zusammen, um gemeinsam den Bundeskanzler zu wählen und eine arbeitsfähige Regierung zu bilden. In der Geschichte der Bundesrepublik ist es bisher nur einmal einer Partei gelungen, die absolute Mehrheit zu gewinnen. 1957 ging die CDU aber doch noch ein Koalition mit der Deutschen Partei (DP) ein.

Bevor eine Regierungskoalition zustande kommt, lädt die Fraktion mit den meisten Mandaten die anderen Fraktionen zu sogenannten Sondierungsgesprächen ein. Hier wird ausgelotet, welche Fraktionen genügend Gemeinsamkeiten haben, um eine Regierung zu bilden. Danach wird ein gemeinsames Regierungsprogramm verabschiedet und vereinbart, welche Partei welches Ministerium übernimmt. Erst dann kann der Bundespräsident dem Parlament einen Kandidaten für das Amt des Bundeskanzlers vorschlagen, der von einer Mehrheit der Abgeordneten bestätigt werden muss.

Ausblick auf die Bundestagswahl 2017: Bisher waren im Bundestag drei Parteien vertreten. Nach den Wahlen im Herbst 2017 ist aber auch ein Sechs-Parteien-Parlament denkbar. Dadurch werden neue und ungewöhnliche Koalitionen möglich, deren Namen sich teilweise an den Landesfarben anderer Staaten anlehnen. Manche dieser Koalitionen haben einen Testlauf in den Bundesländern bereits bestanden.

NAME	ZUSAMMENSETZUNG	BEISPIEL
Große Koalition	CDU/CSU/SPD	Bund (seit 2013)
Schwarz-Gelb	CDU/CSU/FDP	Bund (2009-2013)
Schwarz-Grün	CDU/Grüne	Hessen (seit 2014)

Kenia-Koalition	CDU/SPD/Grüne	Sachsen-Anhalt (seit 2016)
Jamaika-Koalition	CDU/FDP/Grüne	Saarland (2009–2012)
Rot-Grün	SPD/Grüne	Hamburg (seit 2015)
Rot-Rot	SPD/Linke	Brandenburg (seit 2009)
Rot-Rot-Grün	SPD/Linke/Grüne	Berlin (seit 2016)
Ampel-Koalition	SPD/FDP/Grüne	Rheinland-Pfalz (seit 2016)

Einige Koalitionen schließen sich allerdings aus. Die Unionsparteien CDU und CSU würden kein Regierungsbündnis mit den Linken eingehen. Und mit der Alternative für Deutschland (AfD) will niemand gemeinsam regieren.

In einer Regierungskoalition legt jede Partei fest, welche Ministerposten sie mit welchen Persönlichkeiten besetzen möchte. Die Parteien können sich entscheiden, ob sie dafür einen Spezialisten oder einen Generalisten wählen.

⊗ **Spezialisten** haben sich im Rahmen ihrer parlamentarischen Arbeit in ein bestimmtes Themengebiet eingearbeitet und kennen sich damit bestens aus. Wenn ihre Partei in eine Regierungskoalition eintritt, übernehmen sie das Ministerium, das ihrem bisherigen Arbeitsschwerpunkt entspricht.

☞ *Johanna Wanka war Professorin und wurde später zur Rektorin ihrer Hochschule berufen. Später wechselte sie an die Spitze des Wissenschaftsministeriums von Brandenburg und übernahm diese Funktion danach auch in Niedersachsen. Als 2013 in der Bundesregierung die leitende Stelle im Bildungsministerium frei wurde, war Frau Wanka die ideale Kandidatin dafür.*

⊗ **Generalisten** sind nicht auf bestimmte Themengebiete festgelegt, kennen sich aber gut in der Politik aus. Sie würden gern ein Ministerium übernehmen und sind dabei nicht besonders wählerisch. Sie sind auch bereit, ihr Ministerium gegen ein anderes einzutauschen – vor allem, wenn das ihrem Image und ihrer politischen Karriere gut tut.

☞ *Die Ärztin Ursula von der Leyen gehörte der Bundesregierung zunächst als Familienministerin an. Als der Arbeitsminister von seinem Posten zurücktrat, übernahm sie seine Aufgaben. Nach der Bundestagswahl 2013 wechselte sie an die Spitze des Verteidigungsministeriums und wurde die erste Frau auf diesem Posten. Einer Generalistin wie ihr trauen einige sogar das Amt der Bundeskanzlerin zu.*

Die politische Arbeit eines Ministers verlangt viel Fingerspitzengefühl. Das Grundgesetz schreibt dafür bestimmte Richtlinien vor.

⊗ **Ressortprinzip**
Jeder Bundesminister leitet sein Ministerium selbstständig und unter eigener Verantwortung.

⊗ **Kanzlerprinzip**
Jeder Bundesminister muss die Richtlinien der Politik des Bundeskanzlers akzeptieren.

⊗ **Kabinettprinzip**
Jeder Bundesminister muss sich mit den anderen Mitgliedern der Regierung abstimmen und mögliche Streitigkeiten im Kreise des Kabinetts bereinigen.

Ein Minister leitet seine Behörde und repräsentiert sie nach außen. Dabei wird er von mehreren Staatssekretären unterstützt. Die beamteten *Staatssekretäre* sind erfahrene Verwaltungsmitarbeiter, die sich vor allem um die Organisation des Ministeriums kümmern. Die *Parlamentarischen Staatssekretäre* sind Mitglieder des Deutschen Bundestages (MdB), die den Minister vor allem bei Außenterminen unterstützen.

Organisation einer Regierungsbehörde am Beispiel des Umweltministeriums:

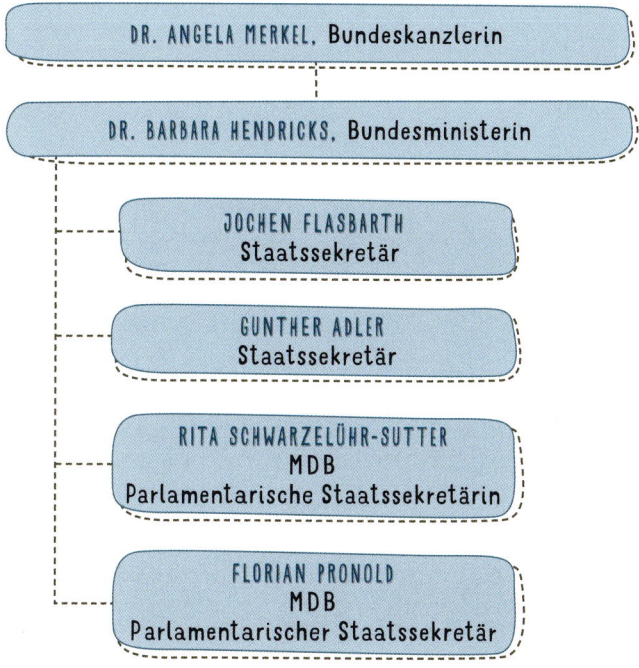

→ www.bundesregierung.de

FUNFACTS #2

5 Das Durchschnittsalter der Abgeordneten im Bundestag liegt bei 49,7. (Stand 15.1.2013) Das ist fast so wie an deutschen Schulen: ca. ein Drittel aller Lehrer sind über 50!
(Quelle: Statistisches Bundesamt, Wiesbaden 2016)

6 Der älteste Bundestagsabgeordnete ist derzeit CDU-Politiker Heinz Riesenhuber, der am selben Tag wie Filmregisseur Woody Allen Geburtstag feiert (*1.12.1935).

8

7

Der jüngste Bundestagsabgeordnete ist derzeit SPD-Politiker Mahmut Özdemir (*23.06.1987), der seinen Ehrentag übrigens mit Rekordtorschützen Lionel Messi teilt.

Zweimal im Jahr wird die Kuppel für ca. eine Woche für Besucher gesperrt, damit sie von Fensterputzern gereinigt werden kann.

Reichstag

DER BUNDESRAT

Der Bundesrat ist ein Verfassungsorgan des Bundes und bildet ein Gegengewicht zum Deutschen Bundestag. Im Bundesrat sind die einzelnen Bundesländer vertreten. Deshalb spricht man auch von der *Länderkammer*. Durch den Bundesrat können auch die Länder an der Gesetzgebung mitwirken.

Der Bundesrat hat 69 Mitglieder, die von den Landesregierungen entsandt werden. Jedes Mitglied gehört damit auch der Regierung eines Bundeslandes an. Die Länder schicken so viele Mitglieder in den Bundesrat, wie es ihrer Bevölkerungszahl entspricht. Bremen ist als kleinstes Bundesland mit drei Regierungsmitgliedern vertreten, während das deutlich größere Nordrhein-Westfalen über sechs Stimmen verfügt. Trotzdem können die kleineren Länder nicht einfach von den Großen überstimmt werden, weil sie zusammen eine Mehrheit innerhalb des Bundesrates stellen.

BADEN-WÜRTTEMBERG: 6 Sitze
BAYERN: 6 Sitze
BERLIN: 4 Sitze
BRANDENBURG: 4 Sitze
BREMEN: 3 Sitze
HAMBURG: 3 Sitze
HESSEN: 5 Sitze
MECKLENBURG-VORPOMMERN: 3 Sitze
NIEDERSACHSEN: 6 Sitze

NORDRHEIN-WESTFALEN: 6 Sitze
RHEINLAND-PFALZ: 4 Sitze
SAARLAND: 3 Sitze
SACHSEN: 4 Sitze
SACHSEN-ANHALT: 4 Sitze
SCHLESWIG-HOLSTEIN: 4 Sitze
THÜRINGEN: 4 Sitze

Der **Präsident des Bundesrates** ist gleichzeitig der Ministerpräsident eines Bundeslandes. Er wird jeweils für ein Jahr gewählt. Er leitet die Sitzungen des Bundesrates und ist der offizielle Stellvertreter des Bundespräsidenten. Das ist zum Beispiel wichtig, wenn sich der Bundespräsident im Ausland aufhält.

Der Bundesrat diskutiert und entscheidet über die Gesetze, die im Bundestag beschlossen wurden. Er kann aber auch eigene Gesetzentwürfe einbringen. Bei der Gesetzgebung wird zwischen Zustimmungsgesetzen und Einspruchsgesetzen unterschieden.

 Zustimmungsgesetze greifen massiv in die Angelegenheiten der Länder ein. Das ist zum Beispiel bei der Einführung der PKW-Maut der Fall. Solche Gesetze können nur in Kraft treten, wenn der Bundesrat ausdrücklich zustimmt. Welche Gesetze zustimmungsbedürftig sind, ist im Grundgesetz genau aufgeführt. Wenn sich Bundestag und Bundesrat nicht einig sind, landen diese Gesetze im *Vermittlungsausschuss*, wo dann gemeinsam nach einem Kompromiss gesucht wird.

Bei *Einspruchsgesetzen* kann der Bundesrat zwar Einspruch einlegen, das Gesetz aber nicht wirklich aufhalten. Das war zum Beispiel der Fall, als in Deutschland die Wehrpflicht abgeschafft wurde. Der Einfluss des Bundesrates ist hier geringer, weil der Bundestag den Einspruch der Ländervertretung mit einer Mehrheit überstimmen kann.

Im Bundestag ist jeder Abgeordnete nur seinem Gewissen gegenüber verantwortlich. Bei den Mitgliedern des Bundesrates ist das anders: Sie müssen sich mit den anderen Vertretern ihres Bundeslandes absprechen und auf eine gemeinsame Linie verständigen. Bei den Beschlüssen des Bundestages darf ein Land nur geschlossen abstimmen. Alle Stimmen müssen also dafür oder dagegen sein. So will man verhindern, dass die Mitglieder des Bundesrates im Sinne ihrer Parteien entscheiden. Sie sollen ja die Interessen ihrer Länder vertreten – und nicht die ihrer Parteien. Deshalb ist hier eine geschlossene Stimmabgabe verlangt.

> *Als im Bundesrat das Zuwanderungsgesetz zur Abstimmung anstand, waren die Regierungsparteien in Brandenburg darüber heillos zerstritten. Schließlich stimmten die SPD-Mitglieder für das Gesetz, die Brandenburger CDU-Vertreter aber dagegen. Der Bundesratspräsident tat so, als habe er das geteilte Abstimmungsverhalten der Brandenburger nicht bemerkt. Dem Bundesverfassungsgericht fiel dann aber auf, dass Brandenburg nicht einheitlich abgestimmt hatte. Das Zuwanderungsgesetz wurde deshalb per Gerichtsbeschluss gekippt.*

Es kommt immer wieder vor, dass im Bundestag andere Mehrheitsverhältnisse herrschen als im Bundesrat. Die Grünen sind derzeit in zwölf Landesregierungen vertreten, während sie im Bundestag die Opposition stellen. Manche Gesetzentwürfe scheitern im Bundesrat, weil die Mitglieder mit grünem Parteibuch darauf drängen, dass ihr Bundesland im Bundesrat dagegen stimmt. Das kommt zum Beispiel immer wieder vor, wenn in der Flüchtlingspolitik bestimmte Staaten zu »sicheren Herkunftsländern« erklärt werden sollen. Der Bundesrat hat sich zu diesem Thema immer wieder quergestellt. Deshalb wird den Grünen zuweilen eine Blockadehaltung vorgeworfen. Das Grundgesetz sieht aber ausdrücklich vor, dass der Bundesrat nicht mitziehen muss und die Regierung in ihrer Politik einschränken kann. Das ist der Preis, den uns die vertikale Gewaltenteilung wert sein sollte.

→ www.bundesrat.de

Der Bundespräsident

Der Bundespräsident ist das Staatsoberhaupt unseres Landes. Er hat aber deutlich weniger zu sagen als die Präsidenten anderer Staaten. So gilt der Präsident der Vereinigten Staaten von Amerika als der mächtigste Mann seines Landes. Er nimmt im politischen System eine Schlüsselstellung ein, denn bei ihm laufen alle Fäden zusammen. Der Bundespräsident nimmt dagegen vor allem repräsentative Aufgaben wahr. Er kann nicht viel entscheiden, aber durch kluge Reden oder symbolische Maßnahmen einiges bewegen.

Bundespräsident Gauck hat sich nie in die Außenpolitik eingemischt und sich auch nicht zum Verhältnis zwischen Deutschland und der Türkei geäußert. Dafür hat er den Journalisten Can Dündar in seinen Amtssitz eingeladen und sich damit öffentlich mit dem Kritiker des türkischen Präsidenten Erdogan solidarisiert. Solche Gesten können mehr bewirken als diplomatische Initiativen.

Bei der Erarbeitung des Grundgesetzes war eine wichtige Frage, welche Rolle der Bundespräsident in Zukunft spielen sollte. In der Weimarer Republik hatte der Reichspräsident sehr viel Macht. Er konnte per Dekret (einer rechtskräftigen Verordnung) regieren und den Reichstag nach Belieben auflösen. Diese Machtfülle hatte Reichspräsident Paul von Hindenburg missbraucht, um das Parlament immer mehr zu schwächen und schließlich Hitler an die Macht zu lassen. Aufgrund dieser abschreckenden Erfahrungen sollte der Bundespräsident weniger Machtbefugnisse erhalten. Denn Macht und Machtmissbrauch liegen oft sehr nahe beieinander.

Der Bundespräsident muss bei seiner Wahl mindestens 40 Jahre alt sein und die deutsche Staatsangehörigkeit besitzen. Seine Amtszeit beträgt fünf Jahre, und er kann einmal wiedergewählt werden. Bemerkenswert ist, dass dieses hohe Amt bisher noch nie von einer Frau ausgeübt wurde, obwohl immer wieder Frauen für das Amt des Bundespräsidenten kandidiert haben.

Laut Grundgesetz sollte sich der Bundespräsident aus der Tagespolitik heraushalten. Dafür hat er folgende Aufgaben:

- ⊠ Der Bundespräsident schlägt dem Bundestag einen Kandidaten für das Amt des Bundeskanzlers vor.

- ⊠ Der Bundespräsident ernennt den Bundeskanzler, die Minister und andere hohe Beamte.

⊠ Der Bundespräsident kann den Bundestag auflösen, wenn dieser nicht mehr arbeitsfähig ist.

⊠ Der Bundespräsident repräsentiert die Bundesrepublik im Rahmen von Staatsbesuchen und empfängt ausländische Staatsgäste.

⊠ Der Bundespräsident schließt im Namen des Bundes Staatsverträge mit anderen Ländern ab.

⊠ Der Bundespräsident verkündet die von Bundestag und Bundesrat beschlossenen Gesetze.

⊠ Der Bundespräsident kann verurteilte und inhaftierte Straftäter begnadigen.

Der Bundespräsident wird von der **Bundesversammlung** gewählt. Dieses Gremium hat keine andere Aufgabe. Der Bundesversammlung gehören alle Mitglieder des Deutschen Bundestages und eine gleich große Anzahl von Persönlichkeiten an, die von den Landtagsfraktionen bestimmt werden. Die Bundesversammlung, die Anfang 2017 Frank-Walter Steinmeier zum neuen Bundespräsidenten gewählt hat, setzte sich wie folgt zusammen:

Die von den Landtagsfraktionen benannten Mitglieder der Bundesversammlung müssen keine Berufspolitiker sein. Die Fraktionen können auch prominente Zeitgenossen in die Bundesversammlung entsenden. In der Bundesversammlung vom 12. Februar 2017 waren auch Persönlichkeiten vertreten, die man dort nicht vermutet hätte. Hier eine Auswahl:

MITGLIED DER BUNDESVERSAMMLUNG	AUSGEÜBTE PROFESSION	ENTSANDT DURCH
Iris Berben	Schauspielerin	SPD
Veronica Ferres	Schauspielerin	CDU
Olivia Jones	Travestiekünstler	Grüne
Roland Kaiser	Sänger	SPD
Carolin Kebekus	Kabarettistin	SPD
Hape Kerkeling	Entertainer	CDU
Joachim Löw	Fußballtrainer	Grüne
Peter Maffay	Sänger	SPD
Friede Springer	Verlegerin	CDU
Feridun Zaimoglu	Schriftsteller	SPD

Das Amt des Bundespräsidenten lebt von den Politikern, die diese Funktion ausüben und sich mit ihrer ganzen Persönlichkeit einbringen. Theodor Heuss (1949 – 1959) und Richard von Weizsäcker (1984 – 1994) gelten als besonders wichtige Inhaber des höchsten Amts, das in unserem Land zu vergeben ist. Ein Bundespräsident sollte überparteilich sein und den

Kontakt zu allen gesellschaftlichen Gruppen halten. Er sollte gesellschaftliche Entwicklungen genau beobachten, gefährliche Erscheinungen beim Namen nennen und sich in die Debatte der Politiker mit immer neuen Anstößen einbringen. Das ist nicht viel – kann aber in Zeiten allgemeiner Verunsicherungen eine Menge wert sein.

Das Bundesverfassungsgericht

Das Bundesverfassungsgericht ist das höchste deutsche Gericht und hat seinen Sitz in Karlsruhe. Wie jedes andere Gericht ist es unabhängig von den Weisungen der Politiker. Niemand darf sich in die Arbeit der Bundesverfassungsrichter einmischen oder auf ihre Entscheidungen Einfluss nehmen. Um die Bedeutung des Verfassungsgerichts zu unterstreichen, ist es anderen Einrichtungen wie dem Deutschen Bundestag oder dem Bundesrat gleichgestellt.

Das Bundesverfassungsgericht besteht aus zwei Abteilungen: dem ersten und dem zweiten *Senat*. Jedem Senat gehören acht Richterinnen und Richter an. Die eine Hälfte der Bundesverfassungsrichter wird vom Bundestag, die andere vom Bundesrat gewählt. Dafür ist jeweils eine Mehrheit von zwei Dritteln der Stimmen notwendig. So soll verhindert werden, dass nur das *Parteibuch* über die Berufung in das höchste

> **?!**
>
> Das **Parteibuch** ist ein Dokument, das die Mitgliedschaft in einer Partei nachweist. Es enthält die persönlichen Daten wie zum Beispiel Name, Anschrift und die Mitgliedsnummer eines Parteimitglieds. Heute wird das Parteibuch meistens in Form einer Karte herausgegeben, in manchen Parteien wird gar kein Parteibuch ausgegeben.

deutsche Gericht entscheidet. Die großen Parteien müssen sich zusammenraufen, um eine Zweidrittelmehrheit zu erreichen.

An der Spitze des Bundesverfassungsgerichts steht der Präsident, der selbst einem der beiden Senate angehört. Seit 2008 steht der Juraprofessor Andreas Voßkuhle an der Spitze des Gerichts.

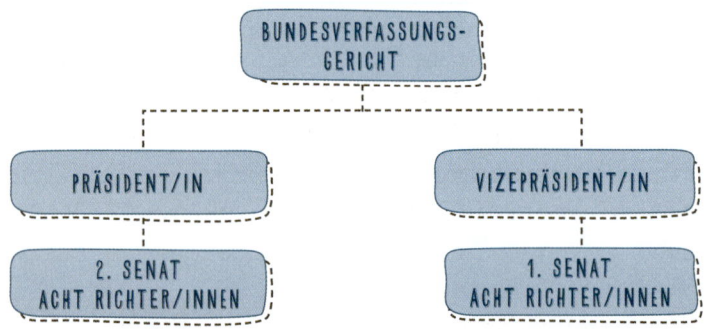

Das Bundesverfassungsgericht sorgt dafür, dass sich die Politik an die Vorgaben des Grundgesetzes hält, ihr Handeln also im Einklang mit der Verfassung steht.

Jeder Bürger darf sich an das Bundesverfassungsgericht wenden, wenn er durch die Richter überprüfen lassen will, ob ein Gesetz mit den Grundsätzen der Verfassung übereinstimmt. Er kann sich aber auch an die Karlsruher Richter wenden, wenn er sich durch eine bestimmte öffentliche Maßnahme oder durch ein Gerichtsurteil in seinen Grundrechten beeinträchtigt fühlt. In beiden Fällen handelt es sich um eine **Verfassungsbeschwerde**.

☞ *Die Schulordnung für die Grundschulen in Bayern schrieb ein Kruzifix in allen Klassenzimmern vor. Die Eltern einer konfessionslosen Schülerin wollten das nicht akzeptieren. Sie wollten ihrer Tochter den täglichen Blick auf den*

Gekreuzigten ersparen. Deshalb legten sie eine Verfassungsbeschwerde ein. Und das Bundesverfassungsgericht gab dem Elternpaar recht. Seitdem können auch in Bayern die Eltern darüber mitbestimmen, ob im Klassenzimmer ein solches christliches Symbol aufgehängt werden darf – oder nicht.

Aber auch untergeordnete Gerichte können sich an die Karlsruher Richter wenden und von ihnen überprüfen lassen, ob ein bestimmtes Gesetz mit den Grundsätzen der Verfassung übereinstimmt. Das gilt vor allem dann, wenn das Gericht von der Verfassungswidrigkeit eines Gesetzes überzeugt ist. In diesem Fall handelt es sich um ein konkretes **Normenkontrollverfahren**.

☞ Mehrere deutsche Gerichte hatten Zweifel, ob das geltende Betäubungsmittelgesetz mit der Verfassung übereinstimmt. Sie wollten vom Bundesverfassungsgericht prüfen lassen, ob auch der Besitz von Cannabis mit einer Strafe belegt werden darf. Das Karlsruher Gericht entschied 1994: Es ist durchaus mit der Verfassung vereinbar, den Besitz von Cannabis und den Handel mit dieser Droge unter Strafe zu stellen. Lediglich der Eigenverbrauch geringer Mengen dürfe straffrei bleiben.

Darüber hinaus entscheidet das Bundesverfassungsgericht bei Auseinandersetzungen zwischen staatlichen Organen. Das gilt vor allem, wenn sich der Bund und die Länder über ihre Zuständigkeiten streiten. So verboten die Verfassungsrichter 1961 der Bundesregierung die Einrichtung eines bundesweiten Fernsehkanals. Schließlich sind die Bundesländer für Rundfunk und Fernsehen verantwortlich – und nur sie.

Nur das Bundesverfassungsgericht kann außerdem eine politische Partei verbieten. Ein solches **Parteienverbot** wird ausgesprochen, wenn eine Partei verfassungsfeindliche Ziele verfolgt und eine Gefahr für den Bestand unserer demokratischen Grundordnung darstellt. Bisher hat das Bundesverfassungsgericht von dieser Möglichkeit nur zweimal Gebrauch gemacht: beim Verbot der Sozialistischen Reichspartei (SRPD) im Jahr 1952 und der Kommunistischen Partei Deutschlands (KPD) im Jahr 1956.

Auf Antrag der Bundesländer sollte das Bundesverfassungsgericht die rechtextreme Nationaldemokratische Partei Deutschlands (NPD) verbieten. Die Karlsruher Richter waren der Meinung, dass die Partei zwar verfassungsfeindliche Ziele verfolgt, aber organisatorisch viel zu schwach ist und deshalb keine ernsthaften Gefahren für unsere demokratische Grundordnung bestehen. Aus diesem Grund wurde die NPD von den Bundesverfassungsrichtern nicht verboten.

Das Bundesverfassungsgericht wird aber auch kritisiert. Die Kritiker sehen in ihm eine Nebenregierung oder ein Nebenparlament und werfen den Karlsruher Richtern vor, durch ihre Arbeit die Beschlüsse des Parlaments in Frage zu stellen. Dadurch wird der Einfluss des Parlaments geschwächt und die Autorität der Abgeordneten beschädigt. Die Kritiker übersehen jedoch, dass die Gewaltenteilung nur funktionieren kann, wenn einer mächtigen Exekutive und einer selbstbewussten Legislative eine aktive Gerichtsbarkeit gegenübersteht. Ohne die Überprüfung einzelner Maßnahmen oder ganzer Gesetze durch das Verfassungsgericht wären Bundesregierung und Bundestag einfach zu mächtig. Der Schutz des Bürgers vor politischen Fehlentscheidungen verlangt, dass die Karlsruher Richter immer wieder eingreifen und Schlimmeres verhindern. Wo die Rechte des Verfassungsgerichts eingeschränkt werden, beginnt der allmähliche Raubbau an bewährten demokratischen Strukturen. Das lässt sich in Ungarn oder in Polen beobachten und darf kein Vorbild für die Bundesrepublik Deutschland sein.

→ www.bundesverfassungsgericht.de

Interview mit Bundesverfassungsrichterin Susanne Baer auf Seite 204

3. WER MACHT EIGENTLICH DIE GESETZE UND WER HAT RECHT?

#DIE GESETZGEBUNG

Das Zusammenleben der Menschen kann nur funktionieren, wenn sich alle an bestimmte Spielregeln halten. In einer Demokratie sind diese Regeln in Verordnungen und Gesetzen festgelegt.

- **Verordnungen** werden von staatlichen Stellen erlassen. Dazu müssen sie niemanden um Erlaubnis fragen – auch nicht das Parlament.

- **Gesetze** werden vom Bundestag und von den Landesparlamenten beschlossen – das unterstreicht ihre besondere Bedeutung.

Im Grundgesetz ist festgelegt, dass die Grundrechte, die den Bürgern zustehen, nur aufgrund eines Gesetzes eingeschränkt werden dürfen. Eine Verordnung reicht dazu nicht aus.

> *Wie der Name schon sagt, ist die Straßenverkehrsordnung (StVO) kein Gesetz, sondern eine Verordnung. Dadurch darf sich niemand in seinen Grundrechten beeinträchtigt fühlen. Dagegen handelt es sich beim Jugendschutzgesetz (JuSchG) um ein Gesetz, das in die Freiheitsrechte junger Menschen eingreift. Der Schutz junger Menschen vor möglichen Gefahren ist dem Gesetzgeber wichtiger als deren Freiheitsdrang.*

⊗ Die Gesetze werden von der Legislative verabschiedet. Auf Bundesebene wird die gesetzgebende Gewalt vom Bundestag und vom Bundesrat ausgeübt. Deshalb wird sie auch gesetzgebende Gewalt genannt. Die Exekutive – also die Bundesregierung – hat sich hier herauszuhalten. Und das gilt auch für die Judikative – also für die Gerichte.

⊗ Der Ablauf der Gesetzgebung ist bis ins Detail im Grundgesetz geregelt. Anstoß für ein neues Gesetz ist immer eine **Gesetzesinitiative**, also die Vorlage eines Textentwurfs, der von den Abgeordneten beraten werden muss. Diese Gesetzesinitiative kann von der **Bundesregierung**, vom **Bundesrat** oder von einer größeren Gruppe von **Abgeordneten** ausgehen.

⊗ Die größten Chancen haben Gesetzesinitiativen, die von der Bundesregierung eingebracht werden, denn die Regierung hat ja immer eine Mehrheit im Bundestag hinter sich. Sie kann sich auf die Stimmen der Koalitionsfraktionen verlassen, die ihre Vorschläge oft ohne große Änderungen passieren lassen. Nur ganz selten kommt es vor, dass Vorstöße aus der Mitte des Parlaments kommen und nicht absehbar ist, ob sich dafür auch eine Mehrheit findet.

⊗ Als der Bundestag über Fragen der Sterbehilfe debattierte, lagen dem Parlament mehrere Gesetzestexte vor, die von Abgeordneten unterschiedlicher Fraktionen eingebracht worden waren. Die Abgeordneten konnten frei entscheiden, welchem Gesetzesentwurf sie ihre Stimme geben. Schließlich stimmte eine Mehrheit des Bundestages für den Antrag, die geschäftsmäßige Sterbehilfe unter Strafe zu stellen. Dafür sollen Angehörige, die Sterbehilfe leisten, künftig straffrei bleiben.

Wenn ein Gesetzentwurf in den Bundestag eingebracht wurde, kommt es zu einer **Ersten Lesung**. Ein Vertreter der Antragsteller erläutert den Entwurf im Plenum und eröffnet damit eine allgemeine Debatte über die Vorteile und Risiken des Gesetzentwurfs. Anschließend wird der Entwurf zur weiteren Beratung an die Ausschüsse des Bundestages verwiesen. In diesen Ausschüssen findet die Feinarbeit statt. Einzelne Bestimmungen werden diskutiert, Details nachgebessert, Formulierungen überarbeitet. Ein Gesetz verlässt den Bundestag niemals so, wie es ursprünglich eingebracht wurde.

Während der Ausschussarbeit wird von außen versucht, die Abgeordneten zu beeinflussen und Änderungen an den Gesetzentwürfen durchzusetzen – denn in Berlin sind mächtige **Lobbyisten** am Werk. Aber was sind Lobbyisten? Ursprünglich wurde die Wandelhalle vor dem Parlament als *Lobby* bezeichnet. Lobbyisten waren Leute, die sich in dieser Wandelhalle aufhielten und an die Abgeordneten herantraten, um sie mit Argumenten zu überzeugen oder sogar mit der einen oder anderen Banknote zu beeindrucken. Inzwischen haben sich beim Deutschen Bundestag 468 Lobbyisten registrieren lassen – auch wenn es eine Meldepflicht für solche Interessenvertreter bis heute nicht gibt. Die meisten arbeiten für Verbände – vom Deutschen Bauernverband bis hin zu Amnesty International. Die Interessenvertreter organisieren Parlamentarische Abende, um mit den Abgeordneten ins Gespräch zu kommen und ihnen ihre Sicht der Dinge zu vermitteln. Für viele Beobachter geht der Einfluss der Lobbyisten auf die Gesetzgebung inzwischen viel zu weit. Es ist sogar schon vorgekommen, dass die Vertreter bestimmter Verbände an den Gesetzestexten mitgeschrieben haben oder deren Entwürfe einfach übernommen wurden.

Nicht selten wechselt ein Politiker nach seiner Amtszeit die Seiten und wird selbst zum Lobbyisten. Er kann die guten Kontakte und Verbindungen aus seiner aktiven Zeit nutzen und in die Lobbyarbeit einbringen.

👍 Ein bekanntes Beispiel ist der CDU-Politiker Ronald Pofalla. Als Minister in der Regierung von Angela Merkel leitete er von 2009 bis 2013 das Bundeskanzleramt. Nach seinem Ausscheiden aus der Politik wurde er in den Vorstand der Deutschen Bahn AG berufen, wo er sich vor allem um gute Kontakte zur Politik kümmern sollte.

Um den Einfluss der Lobbyisten einzudämmen und die Unabhängigkeit der Abgeordneten zu stärken, empfehlen Fachleute eine *verbindliche Registrierung* der Interessenvertreter beim Deutschen Bundestag und eine mehrjährige *Sperrfrist* für Politiker, die in die Lobbyarbeit wechseln wollen.

Nach den ausführlichen Beratungen in den Ausschüssen des Bundestages findet eine **Zweite Lesung** statt. Unmittelbar danach folgt eine **Dritte Lesung**, in der über das vorgelegte Gesetz endgültig abgestimmt wird.

Die Abstimmung kann per Handaufheben erfolgen. Wird aus der Mitte des Parlaments jedoch eine *namentliche Abstimmung* verlangt, muss sich jeder Abgeordnete öffentlich zu seinem Votum bekennen. Die Wähler aus den entsprechenden Wahlkreisen erfahren auf diesem Weg, wie der jeweilige Abgeordnete abgestimmt hat, und können ihn deswegen zur Rechenschaft ziehen. Deshalb ist die namentliche Abstimmung ein Beitrag zu mehr Transparenz in der parlamentarischen Arbeit.

Wenn es bei einer Abstimmung sehr knapp wird, kann das Präsidium den sogenannten »*Hammelsprung*« anordnen: Wer einem Gesetz zustimmt, verlässt das Plenum durch einen bestimmten Ausgang – und wer es ablehnt, durch einen anderen. Die Saalordner stellen sich an beiden Ausgängen auf und zählen die herausströmenden Abgeordneten. Wenn ein Beschluss des Bundestages vorliegt, muss auch noch der *Bundesrat* darüber abstimmen. Dabei wird zwischen zwei Arten von Gesetzen unterschieden:

- **Einspruchsgesetze** können vom Bundesrat abgelehnt und müssen dann vom Bundestag noch einmal beraten werden. Der Bundesrat kann ihre Verabschiedung zwar aufhalten, aber nicht verhindern.

- **Zustimmungsgesetze** können nur in Kraft treten, wenn der Bundesrat diesen ausdrücklich zustimmt. In allen anderen Fällen wandern sie in den Vermittlungsausschuss.

Der **Vermittlungsausschuss** setzt sich aus Mitgliedern des Bundestages und des Bundesrates zusammen. Er bemüht sich um einen Kompromiss, mit dem beide Seiten einverstanden sind. Der Vermittlungsausschuss spielt vor allem eine große Rolle, wenn im Bundesrat und im Bundestag unterschiedliche Parteien eine Mehrheit bilden. Dass sich Bundestag und Bundesrat in diesem Fall nicht gegenseitig blockieren, ist die wichtigste Aufgabe des Vermittlungsausschusses.

Wenn auch diese Hürde genommen ist, kann der Bundespräsident das Gesetz unterschreiben. Es wird im *Bundesgesetzblatt* veröffentlicht und tritt so in Kraft.

#REGIERUNGSHANDELN

Die Menschen in Deutschland haben große Erwartungen in die Politik. Der Staat soll für die innere Sicherheit sorgen, sich um eine gute Infrastruktur kümmern und jungen Leuten eine vernünftige Bildung garantieren. Die Legislative kann dafür lediglich die gesetzlichen Rahmenbedingungen schaffen. Ob man sich nachts aus dem Haus trauen kann, die Straßen in Deutschland befahrbar sind oder die Kinder in unseren Schulen wirklich etwas lernen – dafür sind die Regierung und die ihr nachgeordneten Behörden und Ämter verantwortlich.

Ein alter Streit dreht sich um die Frage, ob wir mehr oder weniger »Staat« brauchen.

> *Seit langem wird diskutiert, ob die Arbeitslosenversicherung weiterhin von staatlichen Stellen organisiert werden sollte. Kritiker meinen: Wer sich gegen den Verlust seines Arbeitsplatzes absichern möchte, sollte das über eine private Versicherung tun. Das wird schließlich auch bei der Rechtsschutzversicherung oder der Hausratsversicherung so gehandhabt.*

Vor allem liberale Parteien und Politiker sehen die Gefahr, dass der Staat zu viele Aufgaben an sich zieht. Sie vertrauen darauf, dass man manches lieber dem freien Spiel der Kräfte überlassen sollte. Das heißt, dass sich alle Dinge von selbst regeln und dass die Menschen auch ohne staatliches Zutun mit dem Notwendigen versorgt werden – von einer zumutbaren Wohnung bis zur inneren Sicherheit. Vor allem die Sozialdemokraten sehen dagegen große Gefahren, sollte sich der Staat von einzelnen

Aufgaben trennen und die Menschen damit alleine lassen. Sie fordern mehr staatliche Verantwortung. Beide Seiten glauben für ihre Haltung gute Argumente zu haben.

WAS SPRICHT FÜR EINEN ABBAU STAATLICHER LEISTUNGEN?	WAS SPRICHT FÜR EINE GRÖSSERE VERANTWORTUNG DES STAATES?
Die Bürger müssten weniger Steuern und Abgaben zahlen.	Das Engagement des Staates käme vor allem den sozial Schwachen zugute.
Private Anbieter arbeiten effektiver und weniger bürokratisch als der Staat.	Anders als private Anbieter muss der Staat keinen Gewinn machen. Er kann deshalb nachhaltiger arbeiten. Und das spart dem Steuerzahler auf lange Sicht gesehen viel Geld.
Die Politik müsste sich nicht in alle Angelegenheiten einmischen und könnte sich auf ihre Kernaufgaben konzentrieren.	Wichtige Entscheidungen sollten in den Parlamenten und nicht in irgendwelchen Hinterzimmern getroffen werden.
Jeder könnte selbst entscheiden, ob er staatliche Hilfen in Anspruch nimmt oder nicht.	Der Staat finanziert sich über Steuern, die Ärmere verschonen und Reichere mehr zur Verantwortung ziehen.

Bei der Organisation des Regierungshandelns sollte der Bund nicht für alles zuständig sein. Einige Aufgaben sind besser auf Landesebene angesiedelt, während andere von den Städten und Gemeinden übernommen werden. Diese Arbeitsteilung hat sich bewährt, weil dadurch mehr Bürgernähe möglich ist. Die Bundesländer sind für das Schulwesen und die Polizei zuständig. Die Müllentsorgung oder das Passwesen fallen in die Verantwortung der Kommunen. Das Regierungshandeln sollte dabei immer dem *Subsidiaritätsprinzip* folgen: Wenn sich etwas auf einer untergeordneten politischen Ebene regeln lässt, sollte es dort auch angesiedelt sein. Nur Angelegenheiten, mit denen eine einzelne Kommune überfordert wäre, werden auf die Länder oder auf den Bund übertragen.

👉 *Als 2015 über 800 000 Flüchtlinge nach Deutschland strömten, war zunächst der Bund für die Unterbringung und Integration zuständig. Bald zeigte sich aber, dass diese Mammutaufgabe nicht von Berlin aus zu stemmen ist. Die Länder und Kommunen haben einen besseren Überblick. Deshalb wurden einzelne Zuständigkeiten in der Flüchtlingspolitik den untergeordneten Stellen übertragen. Das Subsidiaritätsprinzip war stärker als die üblichen Streitigkeiten, die zwischen Bund, Land und Kommune immer wieder aufkeimen.*

Bei der Organisation des Regierungshandelns geht es aber nicht nur darum, die anstehenden Aufgaben fachgerecht zu verteilen. Die Aufgaben öffentlicher Einrichtungen verschlingen auch viel Geld. Dieses Geld holt sich der Staat von den Bürgern über Steuern und Abgaben. Wem am Schluss welches Stück vom Steuerkuchen zusteht, ist im Rahmen der *Finanzverfassung* geregelt. Darin ist zum Beispiel festgelegt, dass die Einnahmen aus der Kraftfahrzeugsteuer oder dem Solidaritätszuschlag dem Bund zufließen, die sogenannten Bagatellsteuern – wie die Hunde- oder die Getränkesteuer – dagegen in die Verantwortung der Kommune fallen. Trotzdem streiten sich der Bund, die Länder und die Gemeinden regelmäßig darüber, wie die Steuereinkünfte verteilt werden sollen.

Für die staatlichen Aufgaben ist der *öffentliche Dienst* zuständig. Dazu gehören alle Arbeiter, Angestellten oder Beamten, die beim Bund, bei den Ländern oder bei den Kommunen beschäftigt sind. Die *Beamten* haben dabei einen besonderen Status. Sie verfolgen Straftäter, ziehen Zollgebühren ein, verhängen Bußgelder oder regeln Rechtsstreitigkeiten. Die Beamten sind also mit den *hoheitlichen Aufgaben* des Staates betraut. Umstritten ist dabei, ob auch Lehrer hoheitliche Aufgaben wahrnehmen und deshalb als Beamte beschäftigt werden sollten. Auch unter den Lehrkräften wird das kontrovers diskutiert. Einige würden gern auf ihren Beamtenstatus verzichten und dafür lieber für ihre Interessen streiken, andere fühlen sich den Polizisten, Richtern oder Zöllnern verwandt und wollen wie diese als Beamte behandelt werden.

Im Rahmen internationaler Beziehungen hat es sich eingebürgert, die Qualität des Regierungshandelns nach einheitlichen Kriterien zu bewerten *(Good Governance)*. Ein Land wird gut regiert, wenn folgende Punkte eingehalten werden:

- Die Verwaltung hält sich an die Gesetze, und ihre Entscheidungen werden von den Gerichten überprüft.

- Die Maßnahmen der Verwaltung sind transparent und nachvollziehbar, so dass die Bürger vor willkürlichen Entscheidungen geschützt sind.

- Regierung und Verwaltung lassen die Bürger mitentscheiden, wenn es um ihre Belange geht.

- Ämter und Behörden arbeiten effektiv und gehen verantwortungsvoll mit dem Geld der Steuerzahler um.

✗ Die Beamten sind nicht bestechlich, so dass die Korruption keine Chance hat.

Im internationalen Vergleich schneidet Deutschland besser ab als viele andere Staaten. Trotzdem kann einiges noch verbessert werden. Die Probleme mit dem neuen Berliner Großflughafen oder dem Projekt »Stuttgart 21« beweisen, dass auch die Verwaltung in der Bundesrepublik oft überfordert ist.

#Die Rechtsprechung

Die Deutschen haben an ihren Gerichten vieles auszusetzen: Die Gerichtsverfahren dauern ihnen zu lange, die Richter reden ihnen zu abgehoben, und sie empfinden ihre Urteile oft als zu lasch. Weil das Vertrauen in die Gerichte so gering ist, würden einige am liebsten selbst losziehen und einen Fall auf eigene Faust lösen. Diese Form der *Selbstjustiz* mag im Wilden Westen üblich gewesen sein – in einem Rechtsstaat ist dafür kein Platz. Hier sind für alle juristischen Fragen ordentliche Gerichte zuständig – vom Nachbarschaftsstreit bis zum Serienmord. Dabei wird zwischen dem Öffentlichen Recht, dem Zivilrecht und dem Strafrecht unterschieden.

⊗ Das Öffentlichen Recht
Hier geht es um Streitfälle zwischen einzelnen Bürgern und dem Staat, zum Beispiel um den Steuerbescheid des Finanzamtes oder um die Höhe des Arbeitslosengeldes II. Die Gerichte werden aber auch tätig, wenn der Staat in die Grundrechte der Bürger eingreift.

⊗ Das Zivilrecht
Hier stehen sich Bürger gegenüber, die ein Problem miteinander haben. Dabei kann es sich um ausstehende Mietzahlungen oder um Schadensersatzansprüche handeln. Das Gericht agiert eher wie ein Schiedsgericht, das nach einem gerechten Ausgleich sucht.

⊗ Das Strafrecht
Hier geht der Staat gegen einzelne Bürger vor, die einer Straftat verdächtigt werden und dafür zur Rechenschaft

gezogen werden sollen. Das Gericht stellt fest, ob ein solcher Verdacht zu Recht besteht und welche Strafe angemessen ist.

In einem Rechtsstaat ist die Unabhängigkeit der Gerichtsbarkeit sehr wichtig. Kein Richter darf von staatlichen Stellen unter Druck gesetzt oder beeinflusst werden. Nur eine unabhängige Justiz wird von den Bürgern als moralisch glaubwürdige Instanz anerkannt. Das ist in diktatorischen oder autoritären Systemen anders. Hier hat ein einzelner Anführer das Sagen und die Gerichte und die Medien tanzen auch nach seiner Pfeife. Der Form nach sind diese Länder demokratisch organisiert. In Wirklichkeit hält hier der Präsident alle Macht in Händen – so wie das in Russland oder in der Türkei der Fall ist.

2016 fand in der Türkei ein Putsch statt, dessen Hintergründe nicht geklärt werden konnten. Nach dem Putsch setzte die Regierung durch, dass Tausende Richter und Staatsanwälte entlassen wurden. Die Exekutive mischte sich also massiv in die Arbeit der Gerichte ein. In einer Demokratie wäre das nicht möglich, weil die Unabhängigkeit der Justiz durch die Verfassung und durch die Gesetze geschützt ist.

In jeder Gerichtsverhandlung übernehmen die Beteiligten bestimmte Rollen. Der **Staatsanwalt** trägt die Anklage vor und befragt den Angeklagten und die Zeugen. Damit soll er zur Aufklärung der Tat beitragen. Zum Abschluss des Strafprozesses plädiert der Staatsanwalt für ein bestimmtes Strafmaß. Der **Verteidiger** berät den Angeklagten während des Prozesses. Er sorgt dafür, dass in der Verhandlung alle entlastenden Tatbestände beachtet werden. In seinem Schlussplädoyer macht er ebenfalls Vorschläge für eine gerechte Urteilsfindung – aber aus der Sicht des Angeklagten. Der **Richter** leitet die Verhandlung. Er achtet darauf, dass die Gesetze und die *Strafprozessordnung* eingehalten werden. Zum Abschluss des Verfahrens verkündet er das Urteil »im Namen des Volkes«. Damit macht er noch einmal deutlich, dass im Gericht keine subjektiven, willkürlichen oder parteiischen Entscheidungen getroffen werden. Bei schweren Straftaten wird der Richter von sogenannten *Schöffen* unterstützt, juristischen Laien, die ihre Meinung in die Urteilsfindung einbringen können. Die Rechtsprechung ist Sache des ganzen Volkes und nicht nur die Aufgabe ausgesuchter Spezialisten.

Obwohl jeder Richter unabhängig ist, darf er einzelne Angeklagte nicht nach Belieben hinter Gitter bringen. Er muss sich bei der Führung der Verhandlung an die Strafprozessordnung halten. Außerdem wendet er bestimmte Grundsätze der *Rechtspflege* an, die teilweise schon in der Antike aufgestellt wurden und heute immer noch gelten.

Jeder Bürger kann sich darauf verlassen, dass folgende Punkte eingehalten werden:

- Niemand darf seinem gesetzlichen Richter entzogen werden. Auch der Justizminister hat nicht das Recht, den zuständigen Richter gegen einen Kollegen auszutauschen, der ihm sympathischer erscheint. Wenn ein Richter für einen bestimmten Prozess vorgesehen ist, kann ihm dieser Fall nicht mehr weggenommen werden.

- Der Angeklagte hat immer das Recht, vor Gericht gehört zu werden und den Beteiligten seine Sicht der Dinge vorzutragen. Schon im alten Rom galt der Grundsatz, dass immer auch die andere Seite angehört werden muss: »Audiatur et altera pars.«

- ⊗ Ein Angeklagter darf immer nur aufgrund des geltenden Gesetzes bestraft werden. Ein Fehlverhalten führt nur zu einer Verurteilung, wenn ein Gesetzesbruch vorliegt. Kein Verbrechen, keine Strafe ohne Gesetz: »Nulla poena sine lege.« Wenn ein Gesetz erst nach einer Straftat verkündet wurde, darf es bei der Verurteilung keine Rolle spielen.

- ⊗ Wegen ein und derselben Straftat darf man nur einmal belangt werden. Wer wegen eines Vergehens schon einmal vor Gericht stand, kann sich darauf verlassen, dass er wegen derselben Sache nicht noch einmal zur Rechenschaft gezogen wird.

- ⊗ Über einen vorübergehenden Freiheitsentzug darf immer nur ein Richter entscheiden. Die Polizei darf einen Verdächtigen zwar festnehmen, aber ein Richter muss innerhalb von 24 Stunden entscheiden, ob die Inhaftierung rechtmäßig ist. Der Arbeit der Polizei sind also rechtliche Grenzen gesetzt.

Unsere Richter sind zwar unabhängig – unfehlbar sind sie aber nicht. Deshalb haben sowohl der Staatsanwalt als auch der Verteidiger die Möglichkeit, gegen ein Urteil *Rechtsmittel* einzulegen. Beide können verlangen, dass das Urteil vom nächsthöheren Gericht überprüft und gegebenenfalls korrigiert wird.

Rechtsmittel:

- ⊗ **Die Berufung**
  Wenn Berufung eingelegt wird, muss die gesamte Beweisaufnahme noch einmal aufgerollt werden. Wurde bei der

Auswahl und Befragung der Zeugen etwas übersehen, kann eine Wiederaufnahme des Prozesses angeordnet werden.

⊗ Die Revision
Bei einer Revision können der Verteidiger oder der Staatsanwalt verlangen, dass der Prozess auf mögliche Rechtsfehler hin überprüft wird. Dazu werden alle Akten noch einmal gründlich durchgesehen. Die Verhandlung selbst muss deswegen nicht nachgeholt werden.

Wenn die Angeklagten noch nicht erwachsen sind, liegt dem Prozess das Jugendstrafrecht zugrunde. In diesem Fall gelten besondere Bedingungen. Ob und in welchem Umfang ein Straftäter jeweils zur Rechenschaft gezogen wird, hängt von seinem Alter und von seiner Reife ab. Für jede Altersgruppe gelten andere Bestimmungen:

ALTER	STATUS	BEHANDLUNG VOR GERICHT
bis 13 Jahre	Kind	Jedes Kind gilt als strafunmündig und kann deshalb gerichtlich nicht belangt werden.
14 – 17 Jahre	Jugendlicher	Bei Jugendlichen wird grundsätzlich das Jugendstrafrecht angewandt.
18 – 20 Jahre	Heranwachsender	Für Heranwachsende gilt das Jugendstrafrecht, wenn ihre Reifeentwicklung der von Jugendlichen entspricht.
ab 21 Jahre	Erwachsener	Nach Vollendung des 21. Lebensjahres wird bei allen Angeklagten das Erwachsenenstrafrecht angewandt.

Nicht nur das Strafmaß richtet sich nach dem Alter der Beschuldigten. Auch wie der Strafprozess geführt wird, hängt davon ab, was man einem jungen Menschen zumuten kann. Strafprozesse vor dem Jugendgericht finden grundsätzlich unter Ausschluss der Öffentlichkeit statt. Außerdem sind alle Jugendgerichte mit Schöffen besetzt, die die Entwicklung junger Menschen nicht nur durch die juristische Brille betrachten. Schließlich werden vor einem Jugendgericht Urteile gesprochen, die in jedem anderen Strafgericht undenkbar wären. Jugendliche Straftäter landen nicht automatisch im Gefängnis. Das Gericht kann auch andere Maßnahmen festlegen.

⊗ Der Richter kann bestimmte **Erziehungsmaßregeln** verhängen. Dazu gehört z.B. die Teilnahme an einem sozialen Trainingskurs.

⊗ Der Richter kann **Zuchtmittel** aussprechen, die den jugendlichen Angeklagten zum Nachdenken bringen sollen. Dazu gehören z.B. Bußgelder oder Arbeitsstunden in sozialen Einrichtungen.

⊗ Der Richter kann den Angeklagten zu einer **Jugendstrafe** verurteilen, die in einer Jugendstrafanstalt abgesessen werden muss – und das bis zu einer Dauer von zehn Jahren.

Die Gerichte in Deutschland können nicht schalten und walten, wie sie wollen. In einem Rechtsstaat steht niemand über dem Gesetz. Auch die Herren in den schwarzen Roben nicht.

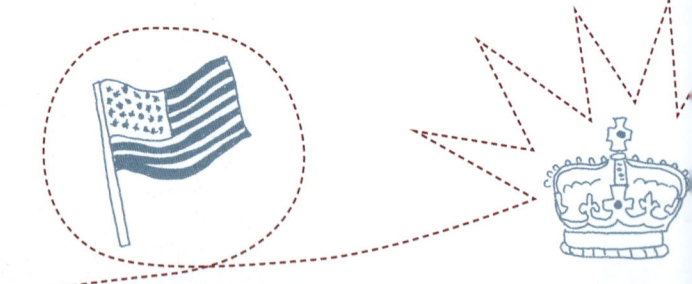

4. DEUTSCHLAND UND ANDERE LÄNDER

#POLITIK INTERNATIONAL

Unsere Welt wird immer kleiner. Der Ausbau wechselseitiger Handelsbeziehungen, die Vernetzung internationaler Transportwege und das Internet lassen die Menschen und Länder dieser Erde näher zusammenrücken. In unseren Supermärkten werden Lebensmittel aus aller Welt angeboten, und an der Produktion einer einzigen Jeans sind viele Nationen beteiligt. Diesen Prozess der Globalisierung wird niemand aufhalten können. Das müssen auch die Staaten einsehen, die sich gegenüber anderen Ländern abschotten wollen und immer noch in nationalen Kategorien denken. In einer globalisierten Welt kommt es verstärkt auf die Beziehungen zwischen den Ländern an. Dafür ist die **Außenpolitik** zuständig.

Im 21. Jahrhundert ist das Ziel der Außenpolitik, mit möglichst vielen Staaten freundschaftliche Beziehungen zu unterhalten und sich in keine kriegerischen Auseinandersetzungen hineinziehen zu lassen. Um das zu erreichen, nutzt die Politik verschiedene Möglichkeiten.

⊗ Die Bundesrepublik setzt auf Mittel der **Diplomatie**. Deutschland ist in fast allen Ländern der Erde durch einen eigenen Botschafter vertreten und hält ständig Kontakt zu den Regierungen anderer Staaten.

☞ Als Bundespräsident Steinmeier noch deutscher Außenminister war, legte er eine Million Flugkilometer zurück – das entspricht 24 Erdumrundungen. Er traf sich regelmäßig mit Regierenden anderer Länder und entschärfte drohende Konflikte bereits im Vorfeld durch Gespräche.

⊗ Die Bundesrepublik schließt **Abkommen und Verträge** mit anderen Staaten ab. Solche Verträge sichern die internationalen Beziehungen ab und machen sie für alle Beteiligten berechenbar. Das stärkt die Außenpolitik.

☞ 1963 schlossen Deutschland und Frankreich den Élysée-Vertrag ab, der eine enge Freundschaft zwischen den alten Erzfeinden besiegelte. Seitdem ist Frankreich der engste Verbündete Deutschlands – innerhalb Europas und weit darüber hinaus.

⊗ Die Bundesrepublik ist Mitglied in internationalen **Bündnissen oder Allianzen**. Auch ein großes Land ist zu schwach, um seine Interessen im Alleingang durchzusetzen. Das geht nur zusammen mit anderen Bündnispartnern.

☞ Seit 1955 ist Deutschland Mitglied der NATO, einem Militärbündnis, dem viele europäische Länder, aber auch die Vereinigten Staaten und Kanada angehören. Bei einem äußeren Angriff auf die Sicherheit kann sich jedes NATO-Land auf die Hilfe der anderen Mitgliedsländer verlassen.

⊗ Die Bundesrepublik betreibt **Außenhandel**. Gemeinsame Wirtschaftsinteressen können dazu beitragen, die Gefahr eines militärischen Eingreifens abzuwehren. Als größte Exportnation der Welt ist Deutschland auf einen funktionierenden Außenhandel angewiesen.

☞ 2016 haben sich die Länder der Europäischen Union mit Kanada auf das Freihandelsabkommen CETA verständigt. Dieses Abkommen ist innerhalb Deutschlands sehr umstritten, weil dadurch Verbraucherrechte und Umweltauflagen gefährdet sind. So können die Konzerne einzelne Länder verklagen, weil hier sehr strenge Umweltgesetze gelten. Die Konzerne können eine Aufweichung dieser Gesetze verlangen und deswegen einen Handelsgerichtshof anrufen. Andere sehen darin eine Chance, den Handel mit Kanada auszubauen und die Absatzchancen der deutschen Wirtschaft zu verbessern.

Wenn zwei Staaten einen Vertrag miteinander schließen, gehen sie eine *bilaterale Beziehung* ein. Schließen sich mehrere Staaten zu einem wirtschaftlichen oder militärischen Bündnis zusammen, spricht man von *multilateralen Beziehungen*.

Innerhalb eines Staates sorgt die Judikative für Recht und Ordnung. Zwischen den Staaten fehlt diese richtende und schlichtende Instanz. Deshalb haben sich die Länder dieser Welt auf bestimmte Rechtsprinzipien verständigt, die für die internationalen Beziehungen gelten sollen – im Frieden genauso wie im Krieg. Diese Grundsätze sind in Verträgen festgelegt und bilden in ihrer Summe das **Völkerrecht**. Wichtige Vereinbarungen sind die *Charta der Vereinten Nationen* von 1945 sowie die *Allgemeine Erklärung der Menschenrechte* aus dem Jahr 1948. Beide Abmachungen gelten heute als wichtige Eckpunkte

> **?!**
>
> Die **Charta der Vereinten Nationen** legt fest, welche Spielregeln zwischen den Nationen gelten. Die Allgemeine Erklärung der Menschenrechte fasst zusammen, worauf alle Menschen Anspruch haben und wovor sie geschützt werden sollten.

des Völkerrechts. Ein Land, das gegen diese Grundsätze verstößt, begeht einen Rechtsbruch und muss mit entsprechenden Sanktionen rechnen.

> ☞ *Seit 2014 hat Russland auf der Krim das Sagen, obwohl die Halbinsel eigentlich auf dem Staatsgebiet der Ukraine liegt. Im Rahmen einer fragwürdigen Volksabstimmung sprach sich eine Mehrheit der Krimbevölkerung für den Anschluss an Russland aus. Doch das widersprach den Bestimmungen der UN-Charta. Das Territorium eines Landes darf von anderen Staaten nicht angetastet werden. Die westlichen Länder reagierten auf diesen Verstoß gegen das Völkerrecht und verboten zum Beispiel die Einfuhr bestimmter Waren aus Russland.*

?!
Wer finanziert die **UNO**? Die Organisation der Vereinten Nationen wird durch freiwillige Beiträge, aber auch Pflichtbeiträge ihrer Mitgliedsstaaten finanziert. Diese Pflichtbeiträge richten sich nach der wirtschaftlichen Situation, dem Entwicklungsstand und den Schulden des Mitgliedstaates.

Dieses Beispiel zeigt, welche Bedeutung die **Vereinten Nationen** für die internationale Politik haben. Die *United Nations Organization (UNO)* – im alltäglichen Sprachgebrauch *Vereinte Nationen* – wurde 1945 gegründet. Der Organisation gehören 193 Mitgliedsstaaten an, und ihr Sitz ist in New York. Bei der Gründung dieser Einrichtung, die die nationalen Grenzen überwindet, war man davon überzeugt: Nur durch eine übergeordnete und von allen anerkannte Instanz kann verhindert werden, dass sich eine Katastrophe wie der Zweite Weltkrieg jemals wiederholt.

Gemeinsame Basis ist die Charta der Vereinten Nationen, zu deren Einhaltung sich die Mitgliedsländer verpflichtet haben:

- Alle Staaten dieser Welt sind gleichberechtigt. Die großen Nationen dürfen die kleinen nicht unterwerfen.

- Kein Staat ist berechtigt, sich in die Angelegenheiten anderer Länder einzumischen.

- Jedes Volk hat ein Recht auf Selbstbestimmung. Das muss von allen anderen akzeptiert werden.

- Mögliche Konflikte zwischen einzelnen Staaten sollen mit friedlichen Mitteln gelöst werden. Der Krieg darf kein Mittel der Politik sein.

Die Geschichte beweist, dass immer wieder gegen diese Absichten verstoßen wurde. Im *Heidelberger Konfliktbarometer* sind weltweit 21 Kriege aufgelistet, obwohl sich fast alle Staaten zu einer friedlichen Konfliktbewältigung bekannt haben. Gerade weil die Notwendigkeit der UNO außer Frage steht, sollte man über eine Reform dieser global tätigen Einrichtung nachdenken. Allzu oft erscheint die UNO zum Nichtstun verdammt – weil sie gegen die vielen Kriege und Konflikte rund um den Globus nicht viel ausrichten kann. Das aber kann nicht länger so bleiben.

Die wichtigsten Arbeitsebenen der Vereinten Nationen:

- **Die Generalversammlung**
  Dort sind alle Mitgliedsländer vertreten. Die Generalversammlung gerät oft zu einem Schaulaufen der Staats- und

Regierungschefs, die hier ihre Sicht der internationalen Lage erläutern. Die wirklich wichtigen Entscheidungen fallen jedoch im Sicherheitsrat.

⊗ Der Sicherheitsrat
Ihm gehören fünf ständige und zehn wechselnde Mitglieder an. Zu den ständigen Mitgliedern gehören die USA, Großbritannien, Frankreich, Russland und China. Sie haben jeweils ein *Vetorecht*. Das bedeutet, jedes dieser fünf Länder kann mehrheitlich getroffene Entscheidungen des Sicherheitsrats zu Fall bringen.

⊗ Das Sekretariat der Vereinten Nationen mit dem **Generalsekretär** an der Spitze
Der Generalsekretär wird jeweils für fünf Jahre gewählt und kann als moralische Autorität einiges bewirken. Seit 2017 ist der Portugiese António Guterres der 9. Generalsekretär der Vereinten Nationen. Viele hoffen, dass es dem erfahrenen Politiker gelingt, den Bedeutungsverlust der Vereinten Nationen aufzuhalten. In den letzten Jahren wurden immer weniger Beschlüsse der UNO von den beteiligten Staaten befolgt. Das soll sich mit dem neuen Generalsekretär ändern.

⊗ Der Internationale Gerichtshof
Im niederländischen Den Haag, wo der Internationale Gerichtshof seinen Sitz hat, entscheiden und vermitteln Richter aus 15 Nationen, wenn es zu Konflikten zwischen einzelnen Staaten kommt – zum Beispiel bei Grenzstreitigkeiten. In Den Haag ist auch der *Internationale Strafgerichtshof* angesiedelt, vor dem Kriegsverbrechen oder Verbrechen gegen die Menschlichkeit verhandelt werden.

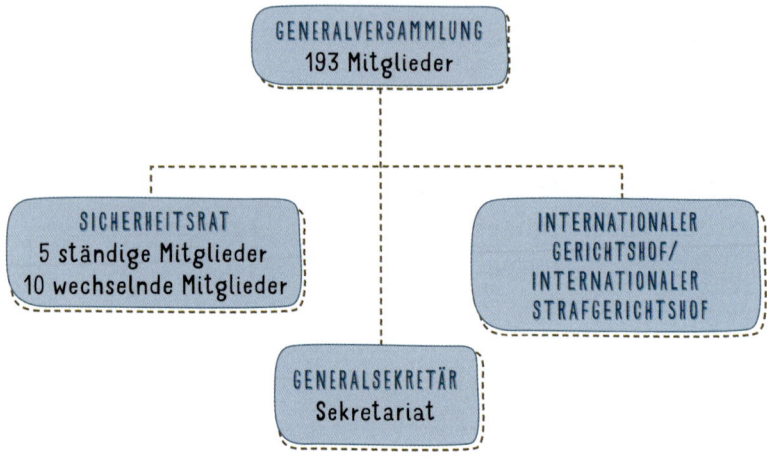

Zahlreiche Einrichtungen und Organisationen sind im Auftrag der Vereinten Nationen aktiv. Sie haben sich auf bestimmte Aufgaben spezialisiert, mit denen ein einzelnes Land überfordert wäre. Sie engagieren sich, um schon im Vorfeld mögliche Konflikte zu entschärfen. Dazu sorgen sie mit ihren Ernährungs-, Gesundheits- und Bildungsprogrammen dafür, dass es zu keinen sozialen Spannungen kommt und dass deswegen keine Kriege ausbrechen.

Die wichtigsten *Sonderorganisationen* und *Spezialorgane* der Vereinten Nationen:

ABKÜRZUNG	DEUTSCHE BEZEICHNUNG	SITZ
FAO	Ernährungs- und Landwirtschaftsorganisation	Rom
ILO	Internationale Arbeitsorganisation	Genf
IMF	Internationaler Währungsfonds	Washington, D.C.

UNESCO	Organisation für Erziehung, Wissenschaft und Kultur	Paris
UNHCR	UN-Hochkommissar für Flüchtlinge	Genf
UNHCHR	UN-Hochkommissar für Menschenrechte	Genf
UNICEF	Kinderhilfswerk	New York
	Weltbank	Washington, D.C.
WFP	Welternährungsprogramm	Rom
WHO	Weltgesundheitsorganisation	Genf

Die Medien berichten über die Vereinten Nationen, wenn über eine *Resolution* gestritten oder über eine *Friedensmission* verhandelt wird. Resolutionen sind Erklärungen, die vom Sicherheitsrat beschlossen werden müssen. Sie können einzelne Länder dazu auffordern, ihre Politik zu ändern oder zu einem UN-Einsatzes aufrufen. Auch die Friedensmissionen der Vereinten Nationen müssen vom Sicherheitsrat beschlossen werden. Erst dann werden im Rahmen einer Friedensmission Soldaten ausgesandt, um gewaltsame Auseinandersetzungen einzudämmen. Weil die Vereinten Nationen über keine eigenen Truppen verfügen, sind sie dabei auf die einzelnen Mitgliedsländer angewiesen. Diese entsenden dann Soldaten, die als »Blauhelme« in den Konfliktregionen Dienst tun.

An den Friedensmissionen der UNO sind auch deutsche Soldaten beteiligt. Derzeit ist die Bundeswehr in 15 Ländern vertreten – fast immer im Auftrag der UNO. Der Einsatz der Bundeswehr im Ausland ist in Deutschland äußerst umstritten. Befürworter und Gegner der Auslandseinsätze haben dafür gute Gründe.

WAS SPRICHT GEGEN EINEN EINSATZ DEUTSCHER SOLDATEN IM AUSLAND?	WAS SPRICHT FÜR EINEN EINSATZ DEUTSCHER SOLDATEN IM AUSLAND?
Deutsche Truppen haben in den beiden Weltkriegen schlimmste Verbrechen begangen. Unsere militärische Zurückhaltung ist deshalb Ausdruck einer historischen Verantwortung.	Die Bundeswehr schreitet nicht willkürlich ein, sondern wird nur im Auftrag der Vereinten Nationen aktiv (UN-Mandat).
Die Bundeswehr ist eine reine Verteidigungsarmee. Sie darf nur aktiv werden, wenn Deutschland direkt angegriffen wird. Das ist bei Auslandseinsätzen nicht der Fall.	Die Ausweitung eines Konflikts lässt sich nur mit militärischen Mitteln verhindern. Allein durch humanitäre Hilfen haben die Kriegsparteien noch nie eingelenkt oder nachgegeben.
Deutschland kann nicht für den Schutz seiner Soldatinnen und Soldaten garantieren. Dafür ist die Bundeswehr zu schlecht ausgerüstet.	Deutschland ist zu groß und wirtschaftlich zu stark, um sich dauerhaft der Verantwortung zu entziehen. Ein so wichtiges Land kann sich nicht aus allem heraushalten.
Konflikte lassen sich nicht mit militärischen Mitteln lösen. Besser ist ein ziviles Engagement – z.B. in der Entwicklungshilfe –, damit diese Konflikte gar nicht erst entstehen.	Wir können uns nicht für alle Zeiten darauf verlassen, dass die USA einschreiten, wenn es irgendwo auf der Welt brennt. Denn Amerika möchte nicht länger den Weltpolizisten spielen. Deshalb müssen wir auch selbst aktiv werden.

Unabhängig von militärischen Auslandseinsätzen ist die Bundesrepublik bemüht, sich innerhalb der Vereinten Nationen stärker zu engagieren. Sie leistet beispielsweise einen wichtigen Beitrag zu den humanitären Hilfen der UNO in aller Welt. Außerdem strebt Deutschland zusammen mit Japan und Indien einen ständigen Sitz im Sicherheitsrat an – was die anderen ständigen Mitgliedstaaten bisher jedoch immer verhindert haben.

#DIE EUROPÄISCHE UNION

Das hat es bisher noch nie gegeben: Deutsche Bürger gehen auf die Straße, um für den Zusammenhalt Europas und für die europäischen Werte zu demonstrieren. Seit einiger Zeit kommt es immer wieder zu solchen Demonstrationen. Die Menschen bekennen sich öffentlich zu Europa, um ein Zeichen gegen die Politik des amerikanischen Präsidenten zu setzen, der sich ein Auseinanderbrechen der Europäischen Union wünscht. Die Demonstrationen richten sich aber auch gegen Europakritiker im eigenen Land, die mehr nationale Alleingänge fordern. Die europäische Idee hat offensichtlich mehr Anhänger, als viele es für möglich hielten.

Die europäischen Länder haben aus der Geschichte gelernt. Über viele Jahrhunderte führten sie Kriege gegeneinander. Nach 1945 sollte dieser andauernde Kriegszustand durch ein friedliches Miteinander beendet werden. Die beste Voraussetzung war die Versöhnung der alten Erzfeinde Frankreich und Deutschland. Und noch heute ist die deutsch-französische Freundschaft ein Motor der europäischen Integration.

2012 wurde die Europäische Union mit dem Friedensnobelpreis ausgezeichnet. Und das aus gutem Grund. Das Komitee, das den Friedensnobelpreis verleiht, würdigte damit den erfolgreichen Kampf der EU für »Frieden, Versöhnung, Demokratie und Menschenrechte«. Dadurch werden vielleicht auch andere Nationen ermutigt, sich auszusöhnen und friedlich miteinander zu leben.

Der Zusammenschluss der einst verfeindeten Länder zu einer Europäischen Union vollzog sich in mehreren Etappen. Ausgangspunkt war die Gründung der *Europäischen Wirtschafts-*

gemeinschaft (EWG) im Jahr 1957. Ursprünglich gehörten der EWG sechs Länder an: Frankreich, Deutschland, Italien, die Niederlande, Belgien und Luxemburg. Fünfzehn Jahre später folgten Großbritannien, Irland und Dänemark. Die Europäische Gemeinschaft bestand nun schon aus neun Ländern. Im Rahmen der *Süderweiterung* kamen Griechenland, Spanien und Portugal dazu. Mit dem Vertrag von Maastricht wurde 1993 die *Europäische Union (EU)* gegründet, die sich wenig später durch die Aufnahme von Schweden, Finnland und Österreich zu einem *Europa der Fünfzehn* entwickelte. Bis 2013 wurden noch weitere europäische Länder aufgenommen, bis die EU zu einem Staatenbund aus 28 Ländern wurde.

Im Jahr 2016 stimmte eine Mehrheit der Briten für den *Brexit* und damit für einen Austritt aus der Europäischen Union, der bis 2019 abgewickelt werden muss.

Auf den ersten Blick ist die Einigung Europas eine Erfolgsgeschichte – von einzelnen Schönheitsfehlern wie dem Brexit einmal abgesehen. Aber dieser Eindruck täuscht. Denn die europäische Integration ist nicht auf allen Gebieten gleich gut vorangekommen. Innerhalb Europas ist ein *freier Handel* der Waren und Dienstleistungen ohne jede Einschränkung möglich. Davon profitiert vor allem die Bundesrepublik, denn unser Land ist mehr als jedes andere auf Exporte angewiesen. Auch der europäische *Agrarmarkt* scheint gut zu funktionieren, denn die Bauern können sich über finanzielle Hilfen, sogenannte *Subventionen*, und die Verbraucher über stabile Preise freuen. Von einer gemeinsamen Währungspolitik sind wir jedoch noch weit entfernt, denn nicht alle Länder der EU haben Zugang zum Euro. Auch in der Außen- und Sicherheitspolitik gibt es noch Lücken. Die Länder Europas zeigen wenig Bereitschaft, ihre nationalen Kompetenzen abzutreten und sich auf eine gemeinsame Politik zu verständigen. In der Flüchtlingspolitik sind die Länder der Europäischen Union sogar heillos zerstritten – wenn nicht gar verfeindet. Dadurch wird die Suche nach gemeinsamen Lösungen schwierig.

Die Europäische Union ist auch kein demokratisches Konstrukt, weil die Aufgaben von Exekutive und Legislative nicht klar definiert sind. Durch diese Ungereimtheiten dauern einige Entscheidungen länger, und die Verantwortung wird häufig hin- und hergeschoben.

Die Institutionen der Europäischen Union:

- Dem **Europäischen Rat** gehören alle Regierungschefs der Mitgliedsländer an. Sie treffen sich zweimal im Jahr und legen die Richtlinien der europäischen Politik fest. Die Details überlassen sie ihren Ministern, die sich im Ministerrat regelmäßig mit Fachfragen beschäftigen. Jedes Mitgliedsland übernimmt jeweils für die Dauer eines halben Jahres die Präsidentschaft des Europäischen Rates.

- Die **EU-Kommission** übernimmt die Aufgaben einer klassischen Exekutive. Hier werden Entscheidungen gefällt, die in den 28 Ländern der Europäischen Union umgesetzt werden müssen. Jedes Mitglied der EU-Kommission ist für einen bestimmten Aufgabenbereich zuständig.

- Das **Europäische Parlament** wird inzwischen von den Bürgern der Mitgliedsländer direkt gewählt. Das EU-Parlament könnte die klassischen Aufgaben der Legislative wahrnehmen, doch ihm werden nur wenige Kompetenzen zugestanden. Das Parlament kann zwar über die Verträge mit anderen Staaten entscheiden oder das Haushaltsrecht ausüben, aber nur begrenzt die EU-Kommission oder den Europäischen Rat kontrollieren.

⊗ Der **Europäische Gerichtshof** wacht darüber, ob die auf europäischer Ebene getroffenen Entscheidungen auch tatsächlich in den Mitgliedsländern umgesetzt werden. Dazu prüft er auch, ob die in den Ländern geltenden Regeln mit dem europäischem Recht übereinstimmen.

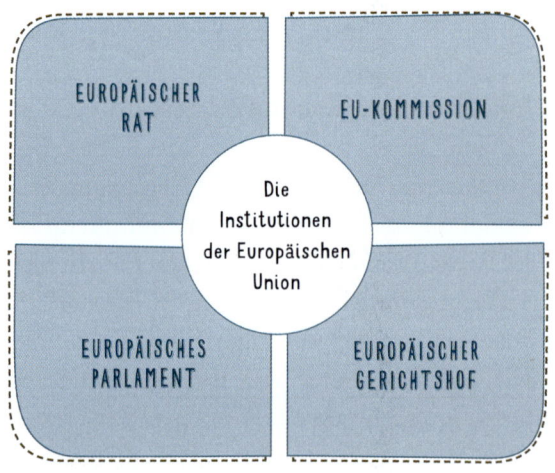

Die Organe der Europäischen Union entsprechen in ihrer Aufgabenstellung und ihren Kontrollmöglichkeiten nicht den Anforderungen einer parlamentarischen Demokratie. Das Parlament hat nicht viel zu sagen, und es gibt keine Regierung, die dem Parlament gegenüber voll verantwortlich wäre. Begeisterte Europäer würden den Europäischen Rat am liebsten abschaffen und die Kommission zu einer europäischen Exekutive ausbauen, die vom Parlament kontrolliert werden müsste. Das ginge aber nur, wenn die Mitgliedsländer einen großen Teil ihrer Eigenständigkeit aufgeben. Doch dazu sind sie nicht bereit. Auch in Deutschland befürchten viele, dass Brüssel zu mächtig werden könnte und viele Entscheidungen nicht mehr in Berlin getroffen würden. Dazu kommt die Kritik an der angeblich übermächtigen Bürokratie der EU-Kommission, die den Menschen in Europa zu viel vorschreiben wolle.

> ☞ Immer wieder gibt es Gerüchte, die EU-Kommission habe den Krümmungswinkel der Banane verbindlich festgelegt. Alle Bananen, die davon abwichen, müssten aus dem Verkehr gezogen werden. Gern wird auch behauptet, die Bürokraten der EU-Kommission hätten die durchschnittliche europäische Penislänge ermittelt, um den Herstellern von Kondomen eine entsprechende Norm vorzuschreiben und kürzere oder längere Kondomgrößen vom Markt zu verbannen. Solche Gerüchte werden oft gezielt gestreut, um die Menschen gegen die europäische Integration aufzuwiegeln. Dabei wäre gerade eine sachliche Beschäftigung mit der Zukunft der EU heute nötiger denn je.

> **?!** In allen Ländern gibt es Menschen, die die **europäische Integration** kritisch sehen und die sich für ihre Nation einen Rückzug aus der Europäischen Union wünschen.

Nicht alle Länder der Europäischen Union sind auch Mitglieder der *Eurozone*. Dazu gehören nur die EU-Staaten, die den Euro als Währung besitzen. Derzeit sind das 19 Länder. Durch die gemeinsame Währung kommt es innerhalb der Eurozone zu keinen Wechselkursschwankungen. Der Euro ist in allen neunzehn Ländern gleich viel wert. Allerdings wird die Geldpolitik der Eurozone von der *Europäischen Zentralbank (EZB)* gesteuert – auf Kosten der nationalen Notenbanken, die inzwischen nicht mehr viel zu sagen haben. Die Finanzminister der Eurozone achten darauf, dass kein Mitgliedsland zu viele Schulden macht. Das würde die Stabilität des Euro insgesamt gefährden. Das Beispiel Griechenlands zeigt, wie ein verschuldetes Land von den anderen Euro-Ländern unterstützt werden muss, damit die Währung nicht aus dem Ruder läuft.

Interview mit dem Vizepräsidenten des EU-Parlaments Alexander Graf Lambsdorff auf Seite **239**

5. WARUM DU WÄHLEN GEHEN SOLLTEST

#WAHLEN

Für die Bürger eines Landes sind Wahlen die wichtigste Möglichkeit, um sich in die Politik einzubringen und Einfluss auf politische Entscheidungen zu nehmen. Auf Bundesebene wählen die Bürger die Abgeordneten des Deutschen Bundestages. Das Parlament bestimmt dann die Bundeskanzlerin oder den Bundeskanzler. In den einzelnen Bundesländern entscheiden die Bürger über die Zusammensetzung des Landtages. Auf kommunaler Ebene wählen sie die Mitglieder des Gemeinde- oder Stadtrats und bestimmen, wer als Bürgermeister an der Spitze der Stadt oder der Gemeinde stehen soll. Außerdem können sich die Bürger in Deutschland an den Wahlen zum Europäischen Parlament beteiligen.

Wahlberechtigt sind auf Bundesebene alle deutschen Staatsbürger, die mindestens 18 Jahre alt sind. Das muss nicht für immer so bleiben. Österreich hat 2010 als erstes europäisches Land das Wahlrecht ab 16 eingeführt. In Mecklenburg-Vorpommern, Niedersachsen, Nordrhein-Westfalen, Sachsen-Anhalt und Sachsen sind die 16-Jährigen ebenfalls wahlberechtigt – auch wenn diese Regelung nur für die *Kommunalwahlen* gilt. Nur in Brandenburg und Bremen dürfen sie auch die Landesparlamente mitwählen.

> **?!**
>
> **Kommunalwahlen** – die Wahl der Gemeinderäte, Kreistage und Stadtparlamente sowie die Wahl des Bürgermeisters oder Landrats.

Wahlrecht ab 16 Jahren?

Vor allem die Jugendverbände setzen sich dafür ein, dass das Wahlrecht ab 16 auch auf Bundesebene eingeführt wird. Dafür gibt es gute Gründe und überzeugende Beispiele. Aber auch die Argumente der Gegenseite sollten ernst genommen werden.

GRÜNDE FÜR EIN ALLGEMEINES WAHLRECHT AB 16	GRÜNDE GEGEN EIN ALLGEMEINES WAHLRECHT AB 16
Mit 16 Jahren verdienen viele Jugendliche bereits Geld und müssen Steuern zahlen. Warum sollen sie dann von den Wahlen ausgeschlossen bleiben?!	Die Beispiele einzelner Bundesländer zeigen, dass viele 16-Jährige ihr Wahlrecht gar nicht wahrnehmen.
Es gibt nachweislich keinen Zusammenhang zwischen Lebensalter und politischem Interesse. Ein 16-Jähriger kann mehr Ahnung von Politik haben als ein 60-Jähriger.	Die unter 18-Jährigen lassen sich eher vom Aussehen, von der Sprache oder der Dynamik der Politiker in ihrer Entscheidung beeinflussen.
Wer selber wählen darf, verfolgt das politische Geschehen engagierter als andere. Deshalb fördert das Wahlrecht ab 16 das Interesse junger Menschen an Politik.	Politische Themen sind oft so kompliziert, dass die jungen Leute damit überfordert sind. Ihnen fehlt die notwendige politische Bildung.
Deutschland vergreist immer mehr. Wir brauchen das Wahlrecht ab 16 als Gegengewicht zu älteren Wählern.	Junge Menschen lassen sich oft durch radikale Positionen beeindrucken. Von einem Wahlrecht ab 16 würden vor allem extremistische Parteien profitieren wie z.B. die NPD.
Die Politiker würden mehr für junge Leute tun, wenn sie Angst haben müssten, von diesen nicht gewählt zu werden. Das ist die einzige Sprache, die die Politik versteht.	Man könnte das Wahlalter herabsetzen, müsste dann aber konsequent sein: Jugendliche wären mit 16 schon erwachsen und müssten z.B. nach dem Erwachsenenstrafrecht bestraft werden.

Einzelne Politiker haben die Einführung eines Familienwahlrechts vorgeschlagen. Eltern könnten dann für jedes Kind eine zusätzliche Stimme abgeben – sozusagen in deren Auftrag und in deren Interesse. Die Politik müsste dann mehr Rücksicht auf Familien nehmen. Es ist aber fraglich, ob ein Familienwahlrecht vor dem Bundesverfassungsgericht Bestand hätte.

An den Wahlen zum Europäischen Parlament und an den Kommunalwahlen können auch Bürger aus anderen Ländern der Europäischen Union teilnehmen, die längere Zeit in Deutschland leben. Allen erwachsenen Bürgern stehen ein aktives und ein passives Wahlrecht zu.

Aktives Wahlrecht: Jeder Bürger kann wählen und einzelnen Personen oder Parteien seine Stimme geben.

Passive Wahlrecht: Jeder Bürger kann bei Wahlen kandidieren und sich von den anderen in ein bestimmtes Amt wählen lassen.

Eine *Wahlpflicht* wie in einigen anderen Ländern gibt es in Deutschland nicht. Leider sinkt die Zahl der Bürger, die von ihrem Wahlrecht Gebrauch machen. In den ersten Jahren der Bundesrepublik lag die Wahlbeteiligung deutlich höher als heute.

> 👍 *2012 wurde in Duisburg ein neuer Oberbürgermeister gewählt. An der Wahl beteiligten sich 25,75 % der Wahlberechtigten. Nur jeder vierte Bürger ist zur Wahl gegangen.*

Eine so geringe Wahlbeteiligung ist ein Alarmzeichen. Die sinkenden Wählerzahlen zeigen, dass immer weniger Bürger am politischen Leben teilnehmen – und sich damit immer mehr von unserer Demokratie abwenden. Unser politisches System verliert an Autorität. Wenn die Politiker und Parteien nur noch von wenigen Menschen gewählt werden, können sie nicht mehr behaupten, für alle Bürger zu sprechen.

> Warum wenden die Bürger sich damit von der Demokratie ab? Ist das eine Gefahr für die Demokratie in Deutschland?
>
> Wer nicht wählt, signalisiert damit eindeutig, dass er nicht daran glaubt, dass er mit seinem gesetzlich verbürgten Wahlrecht irgendwas bewirken kann. Je weniger Wähler es gibt, desto weniger können Politiker wirklich für alle Bürger sprechen – denn sie wurden ja nur von einem Bruchteil der Wähler überhaupt gewählt. Aber nur wer wählt, der entscheidet auch mit. Wer nicht wählt, überlässt stattdessen anderen die Entscheidung – und das gefährdet die Demokratie.
>
> Das Gute ist, dass ihr zwar den Glauben an die Demokratie verlieren könnt, aber die Demokratie nie den Glauben an euch verliert: Bei der nächsten Wahl dürft ihr natürlich wieder mitmachen – und das solltet ihr auch.

Die Bürger gehen aus ganz unterschiedlichen Gründen nicht zur Wahl. Viele Argumente klingen durchaus plausibel:

»*Ich fühle mich von der Politik schon lange nicht mehr ernst genommen. Die Sorgen der einfachen Leute interessieren unsere Politiker schon lange nicht mehr.*«

»Die Politik ist mir zu unübersichtlich und zu kompliziert geworden. Ich habe viel zu wenig Ahnung, um mir ein Urteil bilden zu können.«

»Die wichtigen Entscheidungen werden schon lange nicht mehr im Parlament getroffen, sondern in internationalen Gremien oder irgendwelchen Vorstandsetagen. Dagegen kann ich mit meiner Stimme nichts ausrichten.«

»Ich kann nicht mehr erkennen, wodurch sich die Parteien voneinander unterscheiden. Wozu soll ich dann noch zur Wahl gehen?«

»Egal, was ich wähle – am Schluss kommt immer irgendeine Koalitionsregierung heraus. Es regieren dann immer diejenigen mit, die ich nicht haben möchte.«

In solchen Äußerungen steckt viel Kritik an unserem demokratischen System. Wer zur Wahl geht, hat dennoch die Chance, etwas zu ändern. Wer zu Hause bleibt, hat diese Chance nicht. Außerdem kommt eine geringe Wahlbeteiligung erfahrungsgemäß den extremen Parteien zugute.

Warum ist es so wichtig, zur Wahl zu gehen?

Bei jeder Wahl werden die Weichen für die Zukunft gestellt: Bei der Energiepolitik werden Entscheidungen getroffen, unter denen wir noch Jahrzehnte leiden werden, bloß weil wir nicht dagegen gestimmt haben.

Wer jetzt darauf verzichtet, zur Wahl zu gehen, der verzichtet auch darauf, seine eigene Zukunft mitzugestalten. Wenn ihr euch durch euer Kreuz bei der Wahl nicht entscheidet, dann entscheiden andere für euch. Wenn ihr dann rumjammern wollt, dass ihr das alles nicht gewollt habt, ist es zu spät. Schaut euch an, was bei den Wahlen in Amerika passiert ist, und lernt daraus. Ohne eure Stimme fehlt Deutschland was.

Das hier werdet ihr jetzt nicht gern hören, aber trotzdem ist es so: Wenn ihr nicht wählen geht, dann seid ihr sogar einem NPD-Wähler moralisch unterlegen. Denn so demokratiefeindlich und menschenverachtend das Wahlprogramm der NPD auch ist – die NPD-Wähler machen immerhin von ihrem gesetzlich verankerten Wahlrecht Gebrauch. Wenn ihr euch also über immer mehr Rechtsradikalismus aufregt, aber selbst nicht wählen wart, dann seid ihr ein Teil des Problems. Wer nicht wählt, demonstriert damit nicht seinen Willen oder gar seinen Protest gegen die Regierung, sondern verweigert sich einfach nur der Demokratie.

Demokratie ist das Gegenteil von Lethargie. Also hängt nicht am Wahltag faul daheim rum, sondern bewegt eure Ärsche und geht wählen! Wenn ihr nicht wisst, wen ihr wählen sollt, dann schaut euch auf jeden Fall den Wahl-O-Mat an: Das ist eine Website, die euch ein paar Fragen stellt und eure Antworten mit den einzelnen Parteiprogrammen vergleicht. Auf diese Weise findet ihr schnell heraus, welche Partei eure Ansichten am ehesten vertritt.

Was auch wichtig ist: Wenn ihr eure Stimme für eine Partei abgebt, dann bedeutet das nicht, dass ihr für diese Partei jubeln und applaudieren müsst. Eine Stimme bedeutet lediglich, dass ihr dieser Partei sagt: »Hey, mach was für mich und halte dein Versprechen – sonst wähl ich dich nicht wieder!« Nicht mehr, aber auch nicht weniger. Ihr erwartet doch auch nicht von euren Freunden, eurer Familie oder eurem Job, dass er zu einhundert Prozent perfekt ist, oder? Warum dann von einem Parteiprogramm? Checkt also einfach ab, womit ihr am besten leben könnt, und wählt diese Partei.

Warum kommt eine geringe Wahlbeteiligung den extremen Parteien zugute?

Wählen ist wie Zähneputzen – wenn man es nicht macht, dann wird es braun. Denn radikalen Parteien gelingt es erfahrungsgemäß deutlich besser, ihre Wähler zur Wahl zu motivieren. Deshalb steigt der relative Stimmanteil für diese Parteien an, wenn weniger Wähler zur Wahl gehen.

Bei der Landtagswahl 2016 ist es der AfD gelungen, in Sachsen-Anhalt rund 250.000 Nichtwähler dazu zu bringen, doch zur Wahl zu gehen. In Baden-Württemberg waren es ca. 209.000 ehemalige Nichtwähler, die ihr Kreuz für die AfD gemacht haben. Bei einer Befragung haben aber nur 27 % der Wähler gesagt, dass sie von der AfD überzeugt sind. 64 % haben die AfD einfach nur aus Protest und aus Enttäuschung über die anderen Parteien heraus gewählt.

Außerdem schrumpft dadurch die Fünfprozent-Hürde, die jede Partei überspringen muss, damit sie mitmischen dürfen: Je weniger Stimmen abgegeben werden, desto mehr zählt jede einzelne Stimme, und extreme Parteien gelingt es deshalb leichter, mehr als 5 % der abgegebenen Stimmen zu bekommen.

In fast allen demokratischen Ländern gehen eher die Älteren zur Wahl. Ein großer Teil der jüngeren Generation bleibt lieber zu Hause. Für die Älteren ist das Wählen eine Art Bürgerpflicht, der sie ganz selbstverständlich nachkommen. Die jüngeren Wahlberechtigten fragen sich dagegen oft, ob das Wahlrecht für sie überhaupt Sinn macht. Die Politiker haben das längst erkannt. Im Wahlkampf vertreten sie deshalb vor allem Forderungen, die bei den Senioren gut ankommen.

Müssten sich die Politiker aber nicht besonders an die Jüngeren wenden, um sie zum Wählen zu motivieren?

Politiker haben das gleiche Problem wie erfolglose Konsolen: Weil es keine geilen Spiele gibt, verkaufen sich die Konsolen nicht. Und weil sich die Konsolen nicht verkaufen, gibt es keine geilen Spiele. Deshalb machen Politiker auch keinen Wahlkampf für Jüngere, sondern richten sich in erster Linie an ältere Wähler – das verspricht sichere Wählerstimmen und damit Erfolg.

Das löst aber nicht das Problem der vielen jungen Nichtwähler. Die Parteien müssen deshalb endlich den Mut aufbringen, Wahlkampf für junge Wähler zu machen – und zwar dort, wo die jungen Wähler sich auch aufhalten. Auf Facebook, Snapchat und Instagram. Die Partei, die als Erste das Internet wirklich kapiert, wird bei den jungen Wählern punkten und sie zum Wählen motivieren.

👉 *Als die Bürger Großbritanniens für oder gegen einen Austritt ihres Landes aus der Europäischen Union stimmen sollten, gingen vor allem die älteren Briten zur Wahl. Diese waren mehrheitlich für einen Brexit, während sich die meisten Jüngeren für einen Verbleib in der EU aussprachen. Die höhere Wahlbeteiligung der älteren Wähler spiegelte sich auch im Endergebnis wider. Jetzt müssen die Briten die Europäische Union verlassen.*

Auch im nationalsozialistischen Deutschland oder in der DDR gab es Wahlen. In Wirklichkeit konnten die Menschen dabei aber nichts entscheiden. Das Ergebnis dieser Abstimmungen stand schon vorher fest. Dagegen regelt das Grundgesetz der Bundesrepublik in den Artikeln 28 und 38, dass die Wahlen wirklich demokratisch ablaufen. Aber wann sind Wahlen demokratisch?

Die Wahlen in Deutschland erfüllen folgende Bedingungen:

☒ Allgemeines Wahlrecht
Wer die deutsche Staatsbürgerschaft besitzt und alt genug ist, kann sich an den Wahlen beteiligen. Das gilt ohne Ausnahme.

👉 *Einzelne Bürger dürfen nicht von den Wahlen ausgeschlossen werden, weil sie zum Beispiel ihre Steuern nicht gezahlt haben.*

☒ Gleiches Wahlrecht
Jeder Bürger hat eine Stimme, und jede Stimme hat das gleiche Gewicht – unabhängig von Herkunft, Bildung, Einkommen oder Vermögen.

☞ *Im alten Preußen galt dagegen das Dreiklassenwahlrecht. Die Adligen und Reichen hatten mehr Stimmen als das einfache Volk.*

⊗ Unmittelbares Wahlrecht
Die Stimmen des Wählers gehen direkt an einzelne Kandidaten oder an eine bestimmte Partei.

☞ *In den Vereinigten Staaten ist das anders. Dort bestimmen die Wähler einzelne Wahlmänner, die dann den Präsidenten wählen.*

⊗ Geheimes Wahlrecht
Niemand darf erfahren, für wen oder was ein Bürger gestimmt hat.

☞ *In den Wahllokalen dürfen die Wähler ihre Stimme deshalb nur in Kabinen abgeben, die von außen nicht einsehbar sind.*

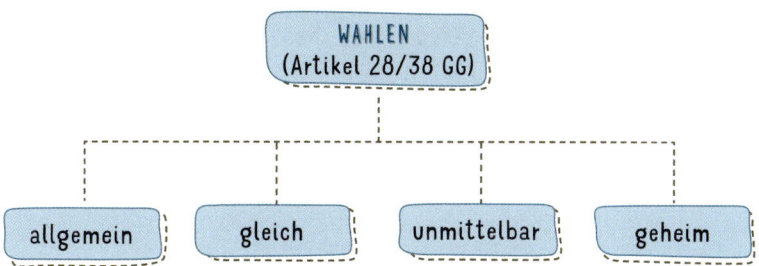

Wie im Einzelnen gewählt wird, ist durch entsprechende Gesetze geregelt. Es gibt unterschiedliche Wahlsysteme. Danach wird festgelegt, wie die einzelnen Mandate vergeben werden und wie sich das Parlament zusammensetzt.

Es wird zwischen zwei wichtigen Wahlsystemen unterschieden:

 Die Mehrheitswahl

Das Staatsgebiet ist in unterschiedliche Wahlkreise aufgeteilt. In jedem Wahlkreis treten die Kandidaten der unterschiedlichen Parteien gegeneinander an. Jeder Wähler hat eine Stimme, die er dem Kandidaten seiner Wahl gibt. Der Kandidat aus einem Wahlkreis, der die meisten Stimmen bekommen hat, zieht dann ins Parlament ein.

 Die Verhältniswahl

Die Parteien reichen Wahllisten ein. Auf jeder Liste sind die Kandidaten einer Partei aufgereiht. Jeder Wähler hat eine Stimme, die er der Partei seiner Wahl gibt. Die Listenkandidaten der Partei, die die meisten Stimmen bekommen haben, ziehen dann ins Parlament ein.

Beide Wahlsysteme haben weitreichende Folgen für die Entwicklung des politischen Systems. Doch was sind die Vor- und Nachteile der Mehrheitswahl und der Verhältniswahl?

MEHRHEITSWAHL	VERHÄLTNISWAHL
Vorteile	
Im Parlament herrschen klare Verhältnisse, weil es nur wenige Parteien und meistens einen klaren Sieger gibt.	Es geht keine Stimme verloren. Auch wer nicht für den siegreichen Kandidaten gestimmt hat, kann sich mit seiner Stimme einbringen.
Auch eigenständige und sogar unabhängige Kandidaten haben eine Chance.	Weil eine absolute Mehrheit eher selten ist, muss eine Koalition gebildet und damit ein Ausgleich unterschiedlicher Positionen gefunden werden.

Nachteile	
Kleine und neu gegründete Parteien sind nahezu chancenlos, weil ihre Kandidaten in den Stimmkreisen keine Mehrheit bekommen.	Die Parteien entscheiden über die Reihefolge ihrer Kandidaten und haben dadurch noch mehr Macht.
Der Wahlkampf konzentriert sich auf die Personen. Inhalte werden weitgehend ausgeblendet.	Eigenständige Persönlichkeiten haben weniger Chancen als angepasste Politiker, die nur den Willen ihrer Partei vollziehen.

Das Wahlsystem in Deutschland folgt weitgehend dem Verhältniswahlrecht. Es enthält aber auch Elemente der Mehrheitswahl. Deshalb spricht man von einer *personalisierten Verhältniswahl*. Dieses Mischmodell gilt für die Bundestagswahl und viele Wahlen auf Länderebene. Nur die Kommunalwahlen weichen davon ab. Wenn es um die Besetzung der kommunalen Parlamente geht, haben die Wähler in einigen Bundesländern bis zu 80 Stimmen. Sie können einzelnen Kandidaten sogar bis zu drei Stimmen geben und haben damit Einfluss auf die Reihenfolge der Kandidaten in den Wahllisten. Die Wähler können ihre Stimmen auch auf verschiedene Listen und damit auf verschiedene Parteien verteilen. Diese Praxis setzt sich immer mehr durch.

Die Bundeskanzlerin oder der Bundeskanzler wird nicht direkt vom Volk gewählt. Dafür können sich die Wähler darauf verlassen, dass die von ihm gewählten Abgeordneten oder Parteien den Politiker zum Kanzler wählen, für den sie im Wahlkampf angetreten sind. Auch an der Wahl des Bundespräsidenten sind die Bürger nur indirekt beteiligt. Die *Bundesversammlung* bestimmt einen Kandidaten oder eine Kandidatin für dieses Amt. In Ländern wie den Vereinigten Staaten, Frankreich, Polen oder Österreich wird das Staatsoberhaupt dagegen direkt vom Volk gewählt. Auch in Deutschland wird darüber diskutiert, ob die Bürger die Wahl des Bundespräsidenten übernehmen sollten. Es gibt unterschiedliche Argumente, die dafür oder dagegen sprechen:

ARGUMENTE FÜR EINE DIREKTWAHL DES BUNDESPRÄSIDENTEN	ARGUMENTE GEGEN EINE DIREKTWAHL DES BUNDESPRÄSIDENTEN
Viele Deutsche interessieren sich nicht für dieses Amt. Eine öffentliche Auseinandersetzung könnte das ändern.	Die Wahl durch die Bundesversammlung hat sich seit 1949 bewährt.
Die Menschen hätten nicht mehr das Gefühl, dass wichtige Fragen über ihre Köpfe hinweg entschieden werden.	Der Bundespräsident erfüllt nur repräsentative Aufgaben. Durch eine Direktwahl müsste das Amt politisch aufgewertet werden.
Die Parteien wären gezwungen, interessante Persönlichkeiten aufzustellen, um die Wähler von ihren Kandidaten zu überzeugen.	Das oberste Amt im Staat würde in eine öffentliche Auseinandersetzung hineingezogen und könnte dadurch beschädigt werden.
Die größte Fraktion könnte den Bundespräsidenten nicht automatisch stellen.	Der Wahlkampf würde zu unnötigen Diskussionen führen, so dass ein Teil der Bevölkerung dem gewählten Bundespräsidenten ablehnend gegenüberstehen könnte.

Der Verlauf der Präsidentschaftswahlen in den Vereinigten Staaten oder der Bundespräsidentenwahl in Österreich hat auch bei uns viele Menschen nachdenklich gemacht. Wenn so ein Wahlkampf zu einer regelrechten »Schlammschlacht« ausartet, ist die Autorität des Amtes ernsthaft in Gefahr.

Wie wird der Deutsche Bundestag gewählt?

Der Deutsche Bundestag wird alle vier Jahre neu gewählt. Über 60 Millionen Wahlberechtigte haben dann Gelegenheit, über die Zusammensetzung des Deutschen Bundestages zu entscheiden.

Wer wählen darf, erhält eine *Wahlbenachrichtigung*. Dieser kann man entnehmen, welches Wahllokal zuständig ist und wie die *Briefwahl* im Einzelnen funktioniert. Wer am Wahltag nicht zu Hause ist, kann sich die Unterlagen zur Briefwahl per Post zukommen lassen. Die Wähler können ihre Stimme dann am heimischen Küchentisch abgeben. Der Stimmzettel kommt in einen gesonderten Umschlag, damit die Wahl auch geheim bleibt. Dann wird der Wahlschein unterschrieben und alles an das zuständige Wahlamt geschickt. Wer am Tag der Wahl zu Hause ist, sollte das Wahllokal aufsuchen, das in der amtlichen Benachrichtigung genannt ist, und dort seine Stimme abgeben. Die Wahllokale sind in der Regel bis 18.00 Uhr geöffnet.

Im Wahllokal erhält jeder Wähler einen Stimmzettel. Auf der linken Seite gibt er seine *Erststimme* ab: Er kreuzt die Persönlichkeit an, von der er in den nächsten vier Jahren im Bundestag vertreten werden möchte. Die Kandidatinnen und Kandidaten gehören zwar einer bestimmten Partei an, in erster Linie handelt es sich aber um eine Persönlichkeitswahl. Persönliche Qualitäten wie Glaubwürdigkeit, Kompetenz oder Bürgernähe stehen im Vordergrund. Auf der rechten Seite des Stimmzettels sind die Parteien aufgelistet, die zur Bundestagswahl kandidieren. Dazu haben die Parteien in den einzelnen Bundesländern Wahllisten mit ihren Kandidaten aufgestellt. Die *Zweitstimme* gibt der Wähler der Partei, zu der er das größte Vertrauen hat und die er in der Bundesregierung sehen möchte. Es reichen also zwei Kreuze, um bei der Bundestagswahl mitzubestimmen.

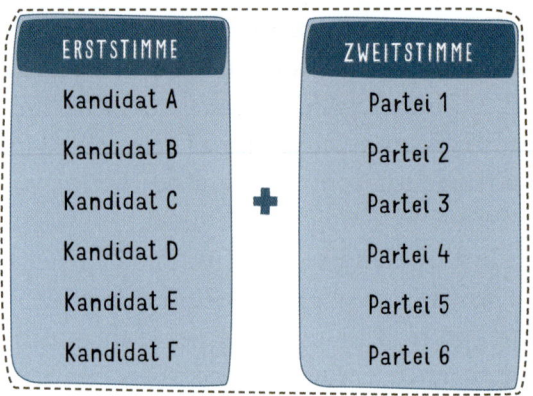

Wenn die Wahllokale um 18.00 Uhr schließen, beginnen die Wahlhelfer mit dem Auszählen der Stimmen. Zuerst werden die Stimmen der einzelnen Kandidaten und Kandidatinnen ausgezählt und dem zuständigen Wahlamt gemeldet. Daraus errechnet sich das Gesamtergebnis der Erststimmen. Wer in einem der 299 Wahlkreise die meisten Stimmen bekommen hat, erhält ein Direktmandat für den Bundestag. 299 Abgeordnete stehen also bereits fest, bevor die Zweitstimme ausgezählt ist. Auf die endgültige Zusammensetzung des Deutschen Bundestages hat die Erststimme allerdings keinen Einfluss. Erst die Zweitstimme entscheidet, wie viele Abgeordneten einer Partei im Parlament vertreten sind. Deshalb ist die Zweitstimme für das Ergebnis der Bundestagswahl entscheidend. Sie wird ebenfalls im Wahllokal ausgezählt und den übergeordneten Ämtern gemeldet. Aus der Zahl der Zweitstimmen errechnet sich, wie viele Mandate einer Partei im neugewählten Bundestag zustehen. Die vielen Klein- und Kleinstparteien könnten die Bildung einer arbeitsfähigen Regierung jedoch behindern und innerhalb des Parlaments zu einer Zersplitterung führen.

Deshalb ist im Grundgesetz festgelegt, dass nur Parteien in den Deutschen Bundestag einziehen dürfen, die mindestens 5 % der Wählerstimmen oder wenigstens drei Direktmandate erhalten haben. Die Einführung dieser *Fünfprozentklausel* hat mit den Erfahrungen aus der Zeit der Weimarer Republik zu tun. Damals war der Reichstag nicht mehr arbeitsfähig, weil sich die Abgeordneten auf eine immer größere Anzahl von Parteien und Wählergruppen verteilten.

> *Bei der Bundestagswahl 2013 haben die FDP und die AfD den Sprung in den Deutschen Bundestag knapp verfehlt. Die FDP scheiterte mit 4,8 % der Stimmen an der Fünfprozentklausel und die AfD verfehlte mit 4,7 % den Einzug ins Parlament. Beide Parteien haben gute Chancen, diesmal die Fünfprozenthürde zu überspringen.*

Es kann aber auch vorkommen, dass eine Partei in einem Bundesland durch die Erststimmen mehr Direktmandate erhält, als es ihrem Anteil der Sitze im Parlament entspricht, die ihnen durch die Zweitstimmen zustehen. Natürlich kann der direkt gewählte Abgeordnete trotzdem in den Bundestag einziehen. Die Sitzverteilung darf dadurch aber nicht verfälscht werden. In diesem Fall werden den Parteien *Überhang- und Ausgleichsmandate* zugesprochen – bis die Stimmenanteile mit der Sitzverteilung im Parlament übereinstimmen. Zu solchen Überhangmandaten kommt es, wenn eine Partei in einem Bundesland mehr Wahlkreise gewonnen hat, als ihr nach ihrem Anteil an den Zweitstimmen zustehen würde. Damit daraus den anderen Parteien kein Nachteil entsteht, erhalten diese Ausgleichsmandate. Denn die Verteilung der Sitze muss die Verteilung der Wählerstimmen 1:1 abbilden, wie das Bundesverfassungsgericht festgestellt hat.

Das Wahlverfahren am Tag der Wahl gilt als relativ übersichtlich und kann den Bürgern leicht vermittelt werden. Wenn die Wahlbeteiligung sinkt, liegt das sicherlich nicht daran, dass der Wahlgang die Bürger überfordern würde.

> Interview mit dem FDP-Bundesvorsitzenden Christian Lindner zum Thema Fünfprozenthürde auf Seite 246

#DER WAHLKAMPF

Die Wähler in Deutschland lassen sich oft Zeit. Viele Wahlberechtigte entscheiden erst kurz vor der Wahl, wem sie ihre Stimme geben wollen. Damit verschiebt sich das Verhältnis von *Stamm- und Wechselwählern*.

- **Stammwähler** müssen nicht groß überlegen, wem sie ihre Stimme geben. Sie kreuzen immer dieselbe Partei an. Ihre Zahl nimmt ab.

- **Wechselwähler** überlegen sich jedes Mal, für welche Partei sie stimmen. Sie wollen sich nicht festlegen und treffen ihre Entscheidung erst kurz vor der Wahl. Ihre Zahl nimmt zu.

Auf diese Entwicklung muss auch der Wahlkampf abgestimmt werden. Da die eigentliche Wahlentscheidung häufig so spät getroffen wird, ist eine gute Planung besonders wichtig. Dabei befindet sich die Bundesrepublik in einer Art Dauerwahlkampf: Weil immer irgendeine Landtagswahl bevorsteht, wollen die Politiker keine Entscheidungen treffen, die bei den Bürgern nicht gut ankommen könnten. Sie fürchten, dass sie die Zustimmung der Wähler verlieren und ihre Partei in den Bundesländern schlechter abschneidet. Deshalb wurde vorgeschlagen, alle Landtagswahlen an einem Tag stattfinden zu lassen – damit die Politiker in Berlin den Kopf wieder zum Regieren frei haben.

Im Vorfeld des eigentlichen Wahlkampfs müssen die Parteien verschiedene Entscheidungen treffen.

⊠ Wer soll als **Spitzenkandidat** in den bevorstehenden Wahlkampf ziehen? Das ist wichtig, weil die Wähler mit Personen oft mehr anfangen können als mit abstrakten Inhalten.

⊠ Mit welchem **Wahlprogramm** wollen sie die Bürger von sich überzeugen? Die zentralen Themen spielen für die Parteien eine große Rolle im Wahlkampf, auch wenn kaum jemand diese Programme wirklich liest.

⊠ Welche **Strategie** wollen sie im Wahlkampf verfolgen und welche Werbeagentur ist für ihre Kampagne am besten geeignet? Ein professionell geführter Wahlkampf ist die Voraussetzung für ein erfolgreiches Abschneiden.

⊠ Mit welchem **Slogan** wollen sie sich den Wählern präsentieren? Die Slogans enthalten die zentrale Botschaft einer Partei. Und diese Botschaft kann gegen Ende des Wahlkampfs entscheidend sein.

Die Geschichte der Wahlkämpfe lässt sich an den Slogans ablesen, mit denen die großen Parteien bei den Wählern punkten konnten. Ihre Botschaften trafen oft die Stimmung, die im Land vorherrschte.

JAHR	SLOGAN	PARTEI	KOMMENTAR
1957	**Keine Experimente!**	CDU/CSU	Die Deutschen waren zufrieden, weil sich ihre wirtschaftliche Situation erheblich verbessert hatte. Das sollte so bleiben.

1969	**Wir schaffen das moderne Deutschland**	SPD	Das Land brauchte grundlegende Reformen. Das wussten die Wähler und trauten sie eher der SPD als den Unionsparteien CDU/CSU zu.
1972	**Willy wählen!**	SPD	Durch seine Ostpolitik wurde Bundeskanzler Willy Brandt zu einem äußerst beliebten Politiker. Deshalb setzte die SPD ganz auf seine Person.
1983	**Dieser Kanzler schafft Vertrauen**	CDU/CSU	Helmut Kohl war erst wenige Monate zuvor an die Macht gekommen. Die Wähler waren bereit, ihm einen Vertrauensvorschuss zu geben.
1990	**Kanzler für Deutschland**	CDU/CSU	Ein Jahr nach der Öffnung der Mauer waren die Wähler überzeugt: Nur Bundeskanzler Kohl kann das lange Zeit gespaltene Land zusammenführen.
1998	**Wir sind bereit.**	SPD	Die Wähler hatten genug von Kanzler Kohl. Deshalb betonte die SPD, dass sie in der Lage sei, die Regierung aus dem Stand zu übernehmen.
2005	**Besser für die Menschen**	CDU/CSU	Die Wähler fühlten sich von der rot-grünen Bundesregierung nicht mehr richtig vertreten. Ihnen ging es eher um die Menschen als um irgendwelche politischen Grundsätze.
2013	**Gemeinsam erfolgreich**	CDU/CSU	In Zeiten einer florierenden Wirtschaft präsentierte sich die CDU/CSU als erfolgreiche Kraft, der die Zusammenarbeit mit den Bürgern wichtiger war als alle Koalitionen.

FUNFACTS #3

9

Die Parlamentarier des ersten Deutschen Bundestages sind Rekordhalter für die längste Bundestagssitzung aller Zeiten: SPD-Fraktionsvorsitzender Kurt Schumacher stritt mit der CDU des damaligen Kanzlers Konrad Adenauer über die im Petersberger Abkommen festgelegte Westbindung der noch jungen Bundesrepublik bis 6.32 Uhr morgens! Damit dauerte die Sitzung **20 Stunden und 3 Minuten!**

10

Die kürzeste Sitzung am 13.3.1974 dauerte nur **1 Minute!**

11

Außer Staubsaugen und Putzen hat die Putzkolonne im Plenarsaal nicht viel zu tun. Soweit bekannt, wird von den Abgeordneten nichts zurückgelassen, außer das ein oder andere Schmierpapier.

Angela

12

Es wurde noch kein einziges Kaugummi unter den Tischen und Stühlen des Plenarsaals gefunden. Sehr löblich!

Die Parteien stützen sich bei der Vorbereitung des Wahlkampfs auf Ergebnisse, die *Wahlforscher* in ihrem Auftrag ermitteln. Die Wähler werden gefragt, wie beliebt die Spitzenpolitiker sind, welche Themen ihnen besonders am Herzen liegen und wie sie die Arbeit der Parteien in den einzelnen Politikfeldern einschätzen. Alle Parteien im Bundestag geben solche Analysen in Auftrag – auch wenn sie oft nicht wollen, dass die Öffentlichkeit von den Ergebnissen der Befragungen erfährt. Auf der Grundlage dieser Umfragen entscheiden sich die Parteien für die *Strategie*, die ihren Wahlkampf bestimmen und sie schließlich zum Sieg führen soll. Das Wahlprogramm und sogar die Auswahl des Spitzenpersonals müssen sich dieser Strategie unterordnen. In den Parteizentralen wird der Wahlkampf dann bis ins Kleinste geplant. Trotzdem können überraschende Ereignisse eine unvorhergesehene Wendung bringen. Planung ist eben doch nicht alles.

> *2002 deutete alles darauf hin, dass die Unionsparteien die Wahl gewinnen und dass CDU und CSU die rot-grüne Bundesregierung ablösen würden. Dann kam es zu einem dramatischen Hochwasser in den ostdeutschen Bundesländern. Dem amtierenden Bundeskanzler Schröder bot sich die Chance, als Macher und Manager aufzutreten. Schröder zeigte sich in Gummistiefeln und Regenjacke und stapfte durch die vom Hochwasser zerstörten Gebiete. Das machte offensichtlich Eindruck auf die Wähler. Sie sorgten dafür, dass die SPD und die Grünen noch einmal eine parlamentarische Mehrheit bekamen.*

Während des Wahlkampfs versuchen die Parteien, eine gewisse Spannung aufzubauen. Die Parteizentralen richten sich auf drei Phasen des Wahlkampfs ein:

PHASE	ZEIT	ZIELSETZUNG	BEISPIEL
Sammlungsphase	bis zu einem halben Jahr vor dem Wahltermin	Die Mitglieder, Anhänger und Sympathisanten der Partei werden auf den Spitzenkandidaten und die zentralen Themen des Wahlkampfs eingeschworen.	Überall im Land finden Regionalkonferenzen statt, auf denen der Spitzenkandidat die eigenen Leute auf den bevorstehenden Wahlkampf einstimmt.
Überzeugungsphase	bis zu wenigen Tagen vor dem Wahltermin	Die Unentschlossenen und die Wechselwähler sollen für die Partei und ihre Spitzenkandidaten gewonnen werden.	Die Spitzenkandidaten der beiden aussichtsreichen Parteien treffen sich zu einer Fernsehdiskussion. Die Parteien erklären ihren Kandidaten jeweils zum Sieger dieses Duells.
Mobilisierungsphase	bis zum Tag der Wahl	Die Wähler sollen daran erinnert werden, auch wirklich wählen zu gehen.	Am Wahlsonntag finden viele Wähler eine Tüte mit frischen Brötchen vor ihrer Haustür – verbunden mit der Aufforderung, wählen zu gehen und für eine bestimmte Partei zu stimmen.

Die Parteien setzen ganz unterschiedliche Werbemittel ein. Sie wollen möglichst viele Wähler erreichen und riskieren dabei, die Wähler regelrecht mit Wahlwerbung zu überschütten. Das gilt zum Beispiel

- für die **eigene Wohnung**, wenn plötzlich junge Leute vor der Tür stehen und die Bewohner von ihrer Partei und ihren Kandidaten überzeugen wollen.

- ⊗ für den **heimischen Briefkasten**, der regelmäßig mit Broschüren, Flugblättern und Kandidatenbriefen verstopft ist.

- ⊗ für das **Straßenbild**, das zunehmend von Dreiecksständern mit Bildern der Kandidaten oder Großplakaten der Parteien bestimmt wird.

- ⊗ für **belebte Plätze**, auf denen die Parteien ihre **Infostände** aufbauen und Kandidatenflyer oder Werbegeschenke wie Kugelschreiber, Luftballons oder Süßigkeiten verteilen.

- ⊗ für **Veranstaltungsorte**, an denen Kundgebungen mit der Parteiprominenz oder Podiumsdiskussionen mit den Kandidaten stattfinden.

- ⊗ für das **Fernsehen**, in dem die Duelle der Spitzenkandidaten übertragen werden und die Parteien mit aufwendigen TV-Spots für sich werben.

- ⊗ für das **Internet**, in dem die Parteien mit selbstproduzierten Clips auf sich aufmerksam machen oder über Twitter die aktuelle Lage kommentieren.

Das alles kostet viel Geld. Keine Partei könnte ihre Wahlkämpfe ausschließlich aus Eigenmitteln finanzieren – also aus den Beiträgen ihrer Mitglieder und den Spenden irgendwelcher Gönner. Das Bundesverfassungsgericht ist den Parteien 1992 zu Hilfe gekommen. Die Karlsruher Richter stellten fest, dass die Wahlkämpfe zur politischen Willensbildung beitragen, die Parteien also eine staatspolitische Aufgabe übernehmen. Deshalb sei es legitim, den Parteien einen Teil ihrer Wahlkampfausgaben aus der Staatskasse zu erstatten. Seitdem gilt: Alle Parteien, die bei einer Bundestagswahl mehr als 0,5 % der Stimmen bekommen, fallen unter die **staatliche Wahlkampfkostenerstattung**. Für die ersten vier Millionen Wählerstimmen, die eine Partei bekommt, stehen ihr 85 Cent pro Wähler zu. Für jeden weiteren Wähler kann sie 70 Cent einstreichen. Außerdem erhalten die Parteien für jeden Euro, den sie während des Wahlkampfs aus Eigenmitteln wie Mitgliedsbeiträgen oder Spenden bezahlt haben, 38 Cent zurückerstattet. Wenn eine Partei bei der Bundestagswahl gut abschneidet, zahlt sich das also auch in Cent und Euro aus.

Ist die staatliche Wahlkampfkostenerstattung gerechtfertigt?

Wahlkampf geht an Erstwählern völlig vorbei: Laternen werden mit Plakaten zugekleistert, aber auf Social Media findet viel zu wenig statt. Dabei hat jeder Facebook, Snapchat, Instagram und Twitter auf seinem Smartphone. Barack Obama hat das schon vor acht Jahren im US-Wahlkampf gerafft, aber deutsche Politiker eiern immer noch in der Offline-Welt rum.
    Es ist 2017, Leute! Die Zukunft hat grad angerufen und gesagt, dass sie ohne euch stattfinden wird!
    Einerseits ist für wirklich wichtige Dinge keine Kohle da, andererseits fließen Millionensummen für billige Kugelschreiber und Luftballons, die am Infostand in der Innenstadt in Kinderhände gedrückt werden. Solange Parteien also ihr Budget für Wahlkampf in erster Linie in Plakate und TV-Spots stecken, finde ich die Wahlkampfkostenerstattung unverhältnismäßig.

Da gibt es kaum Kontrolle, wer die Botschaften sieht – ganz anders ist es online, wo gezielt geworben werden kann und man erst recht Personen erreichen könnte, die mit hoher Wahrscheinlichkeit Nichtwähler oder Protestwähler sind.

Wenn Parteien gezwungen wären, ihren Wahlkampf aus Mitgliedsgebühren zu finanzieren, dann würden sie stärker an ihrer Digitalstrategie arbeiten und nicht totes Holz mit den Gesichtern ihrer Kandidaten an jede freie Fläche in der Innenstadt kleben.

Stattdessen sinken die Mitgliederzahlen der einzelnen Parteien, aber der Staat pumpt trotzdem weiterhin die gleiche Menge an Geld in das System für die Wahlkampfkostenerstattung zurück. Kein Wunder, dass es im Wahlkampf immer noch mehr um das Image der einzelnen Kandidaten statt um wirkliche Inhalte geht.

Die Wahlkampfkostenerstattung ist deshalb ein weiterer Grund, warum ihr nicht einfach irgendeine Partei aus Protest wählen solltet. Ihr sorgt sonst dafür, dass diese Partei durch eure Stimme Geld bekommt.

Was erwartet uns im Bundestagswahlkampf?

Für die Bundestagswahl am 24. September 2017 haben die Parteien bereits die notwendigen Vorbereitungen getroffen. Sie haben ihre Hauptsitze zu Schaltzentralen ausgebaut, von denen aus der gesamte Wahlkampf gesteuert wird. Werbeagenturen arbeiten an einprägsamen Slogans und einem unverwechselbaren Erscheinungsbild. In den Wahlkreisen wurden bereits die Kandidaten aufgestellt. Auch die Landeslisten stehen fest.

Bereits zu Beginn des Wahljahres haben die Parteien entschieden, welche Persönlichkeiten sie in den Wahlkampf schicken:

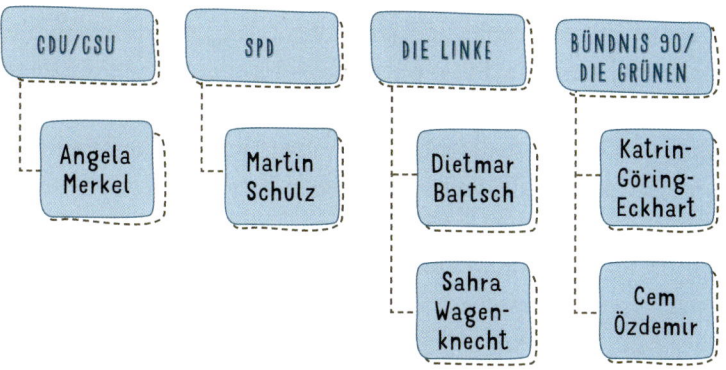

☞ *Nur die Grünen haben ihre Parteimitglieder befragt, wer für sie im Wahlkampf antreten soll. In einer Direktwahl haben sich die meisten für die ostdeutsche Theologin und den Schwaben mit anatolischen Wurzeln entschieden.*

Nach den aktuellen Umfragen deutet alles darauf hin, dass neben den vier Bundestagsparteien auch zwei Neulinge die Fünfprozenthürde überspringen könnten. Der eine Neuling – die FDP – ist eigentlich ein alter Bekannter. Die Freien Demokraten gehörten bereits 1949 dem Bundestag an. Vor vier Jahren wurde sie allerdings von den Wählern aus dem Bundestag verbannt. Der andere Neuling – die AfD – wäre die erste Partei mit Kontakten zu rechtsradikalen und rechtsextremen Kräften, die den Sprung ins Parlament schaffen würde. Damit wären im Deutschen Bundestag künftig sechs Parteien vertreten und es wäre schwieriger, eine starke Regierungskoalition zu bilden.

In den letzten Wochen vor der Bundestagswahl dürfte es spannend werden, denn mit Angela Merkel und Martin Schulz begegnen sich zwei Kontrahenten auf Augenhöhe. Während die

Deutschen die Bundeskanzlerin für die kompetentere Politikerin halten, fallen die Sympathiewerte für Martin Schulz besser aus. Kompetenz gegen Sympathie – es kommt also darauf an, was den Bürgern wichtiger ist. Ausschlaggebend dürfte aber auch sein, wer von den beiden Spitzenkandidaten eher in der Lage ist, eine arbeitsfähige Koalition auf die Beine zu stellen. Frau Merkel hat mehrfach betont, dass ihr Wunschpartner die FDP sei. Herr Schulz hat nicht ausgeschlossen, nach der Wahl ein rot-rot-grünes Bündnis anzuführen. Eine Koalition mit der AfD kommt für beide nicht in Frage.

Was ist mit negativen Schlagzeilen? Fallen Sympathiewerte dann nicht schnell?

An dem Hype um den SPD-Kanzlerkandidaten Martin Schulz merkt man eins sehr deutlich: Stimmungen sind keine Stimmen. Alle finden Schulz sympathisch, aber nach ein paar Wochen Euphorie und Schlagzeilen geht dem Schulz-Train langsam die Puste aus. Ernüchterung macht sich breit, denn Monate vor der Wahl ist es unklar, ob der Wirbel um Schulz so lange anhalten wird. Negative Schlagzeilen können ihm deshalb deutlich mehr schaden, weil Merkel ohnehin im Dauerfeuer ihrer Kritiker steht. Skandalträchtige Headlines prallen an ihrer kugelsicheren Weste aus pragmatischem Regieren und unbeirrbarer Miene ab. Die Kanzlerin hat sich eindeutig positioniert und befindet sich dadurch im Dauerwahlkampf. Schulz hat stattdessen so hohe Erwartungen geweckt, dass er ihnen kaum gerecht werden kann.

Auf jeden Fall können die Deutschen mit einem Zweikampf zwischen der Kanzlerin und ihrem sozialdemokratischen Widersacher rechnen, dessen Ausgang wahrscheinlich erst in den letzten Wochen vor dem Wahltermin entschieden wird.

Einige Wahlforscher sprechen sogar von einem *Wechselfieber* der Wähler. Nach ihren Beobachtungen nimmt die Zustimmung zu Angela Merkel ab. Viele Deutsche wünschen sich einen Wechsel im Kanzleramt. Würde Frau Merkel noch einmal gewählt werden, käme sie auf eine Regierungszeit von 16 Jahren. Die Deutschen haben sich seit 2005 an ihre Politik, ihre Sprache und ihre Frisur gewöhnt. Da bleibt ein gewisser Abnutzungseffekt nicht aus. Davon könnte ihr Widersacher Martin Schulz profitieren.

Die Auseinandersetzung zwischen den Parteien wird vor allem im *Internet* geführt. Es gibt zwar wieder die bekannten Plakate, Flyer und Anzeigen, aber die Spitzenkandidaten werden auf aktuelle Entwicklungen auch mit kurzen, schnellen *Tweets* reagieren. Auch im Bundestagswahlkampf werden *Fake News* und *Social Bots* eine große Rolle spielen. Fake News sind Falschmeldungen, die in den sozialen Netzwerken gezielt platziert werden, um dem politischen Gegner zu schaden. Social Bots sind Äußerungen, die nicht von konkreten Personen stammen, sondern maschinell generiert werden. Im amerikanischen Wahlkampf haben russische Hacker kräftig mitgemischt. Das könnte auch im Bundestagswahlkampf 2017 der Fall sein.

Den Bundeswahlleiter darf das alles nicht interessieren. Er muss für einen ordnungsgemäßen Verlauf der Bundestagswahl sorgen. Denn die Bürger haben nur Vertrauen in unsere Demokratie, wenn alles mit rechten Dingen zugeht. Das »Drehbuch«

der Wahlentscheidung steht längst fest. Das zeigt auch ein Blick in den Terminkalender des Bundeswahlleiters.

AUS DEM TERMINKALENDER DES BUNDESWAHLLEITERS

bis zum 19.06.2017	müssen sich die Parteien, die nicht im Parlament vertreten sind, zur Bundestagswahl anmelden.
bis zum 07.07.2017	entscheidet der Bundeswahlausschuss, welche Parteien sich an der Wahl beteiligen können.
bis zum 07.08.2017	müssen die zugelassenen Wahlvorschläge öffentlich bekannt gemacht werden.
bis zum 20.08.2017	muss die Meldebehörde dafür sorgen, dass alle Wahlberechtigten in das Wählerverzeichnis eingetragen sind.
bis zum 03.09.2017	müssen alle Wahlberechtigten von der Gemeindeverwaltung benachrichtigt werden.
bis zum 22.09.2017	müssen die Wahlunterlagen zur Briefwahl angefordert werden.
am 24.09.2017	sind die Wahllokale von 8.00 bis 18.00 Uhr geöffnet.
am 25.09.2017	gibt der Bundeswahlleiter das endgültige Ergebnis der Bundestagswahl bekannt.

Interview mit der SPD-Bundestagsabgeordneten Katarina Barley zum Thema Bundestagswahlkampf auf Seite **219**

#POLITIKER REDEN GERN

Die Politiker wollen nicht nur Gutes tun, sie wollen auch darüber reden und berichten. Das gilt für die Regierung genauso wie für die Opposition. Allerdings stehen den Regierenden dafür deutlich mehr Mittel zur Verfügung. **Die Kanzlerin und ihre Minister sind in diesem Punkt ganz klar im Vorteil.**

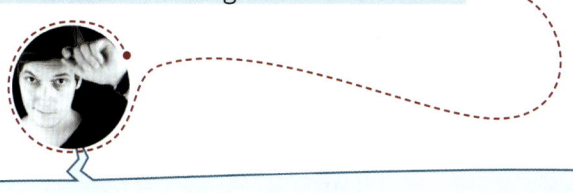

Was hat das für Auswirkungen in der Öffentlichkeit? Kann die Regierung das ausnutzen?

Die Regierung ist in der Regierungsverantwortung, macht Gesetze und muss darüber natürlich auch informieren. Und zwar nicht nur über Gesetze, sondern auch über Initiativen und Kampagnen.

Daher ist die Arbeit der Regierung natürlich auch präsenter in der Öffentlichkeit, während die Opposition eher im Schatten steht. Die Opposition hat auch die Aufgabe, die Regierung zu kontrollieren – ihre große Stunde schlägt deshalb immer dann, wenn was schiefgeht. Dann kann sie auf die Regierung eindreschen und alle großen und kleinen Pannen in die Öffentlichkeit zerren. Aber auch ohne Verfehlungen der Regierung kann die Opposition durch gute Medienarbeit (auch bei Facebook und Co.) auf sich und ihre Kritik an der Arbeit der Regierung aufmerksam machen. Der Vorteil der Regierung, stets mehr im Rampenlicht zu stehen, kann also von der Opposition wirksam minimiert werden.

Eine zentrale Rolle spielt dabei das **Presse- und Informationsamt**, das der Kanzlerin direkt unterstellt ist. An der Spitze dieser Behörde steht der **Sprecher der Bundesregierung**. Seine Aufgabe ist es, die Öffentlichkeit über die Politik der Bundesregierung zu informieren und die Aktivitäten der Kanzlerin und ihres Kabinetts gut zu vermarkten.

☞ *Seit 2010 ist der Journalist Steffen Seibert der Sprecher der Bundesregierung. Seibert ist vielen noch als Moderator einer ZDF-Nachrichtensendung bekannt. Es war ein kluger Schachzug der Kanzlerin, einen so populären Journalisten zu ihrem Sprecher zu machen. Steffen Seibert hatte sich als vertrauenswürdiger Fernsehjournalist einen Namen gemacht. Dieses Vertrauen wurde ihm auch in seinem neuen Amt entgegengebracht.*

Genau wie das Kanzleramt hat auch jedes Ministerium eine Abteilung für Öffentlichkeitsarbeit und einen Sprecher, der die Anfragen der Journalisten beantwortet, Interviews mit den Ministern organisiert und Informationsmaterial für die Bürger herausgibt.

Dreimal in der Woche lädt die Regierung zu einer Pressekonferenz ein. Dort informieren Seibert und die anderen Sprecher die Journalisten über die Regierungsarbeit. Die Sprecher sind aber auch auf der *Bundespressekonferenz* zu Gast – einem Zusammenschluss der Berliner Parlamentskorrespondenten, die hauptsächlich aus Berlin und Bonn über die Politik in der Bundesrepublik berichten. Die Bundespressekonferenz lädt aber auch Vertreter der Opposition, Verbandsfunktionäre oder Wissenschaftler ein, um sich den Fragen der Journalisten zu stellen.

Darüber hinaus gibt die Bundesregierung neue Gesetze bekannt und macht die Bürger immer wieder auf wichtige Themen aufmerksam. Für solche **Kampagnen** gibt die Regierung viel Geld aus. Es werden Zeitungsanzeigen geschaltet, Plakatwände angemietet und Informationsbusse durchs Land geschickt.

> ☞ Anfang 2017 startete das zuständige Ministerium eine Kampagne, mit der für eine umweltverträgliche Landwirtschaft geworben wurde. Dazu hatte man sich neue Bauernregeln ausgedacht, die überall im Land plakatiert wurden. Hier wurde z.B. für eine artgerechte Tierhaltung geworben: »Steht das Schwein auf einem Bein, ist der Schweinestall zu klein.« Leider verstanden Deutschlands Bauern keinen Spaß. Ihr lautstarker Protest veranlasste die Umweltministerin, aus der Kampagne vorschnell wieder auszusteigen.

Die Opposition kritisiert immer wieder, dass die Bundesregierung ihren Informationsauftrag missbraucht, um Werbung für die eigene Politik zu machen und die verantwortlichen Minister in einem möglichst guten Licht erscheinen zu lassen. Sie wirft der Regierung vor, viele Steuermillionen zu Propagandazwecken zu verpulvern. Würde der Bundestag diese Kampagnen steuern, hätte auch die Opposition ein Wörtchen mitzureden.

💬 Interview mit Sahra Wagenknecht – Vorsitzende der Linksfraktion und Oppositionsführerin – auf Seite **265**

💬 Interview mit dem Bundestagsabgeordneten der Linksfraktion Gregor Gysi auf Seite **229**

> **Wäre das besser für die Öffentlichkeit?**
>
> Abgeordnete arbeiten weit mehr als »nur« 40 Stunden pro Woche – wenn sie sich dann noch um Öffentlichkeitsarbeit kümmern sollen, bleibt für andere Themen noch weniger Zeit. Die Opposition kann über Pressearbeit die Regierung nach wie vor kritisieren und bei eindeutigen Verstößen auch das Parlament einschalten. Für die Öffentlichkeit wäre es deshalb kein Vorteil, wenn der Bundestag die Kampagnen steuern würde, denn statt wichtiger Regierungsarbeit würden die Parteien Gefahr laufen, sich in einer Schlammschlacht zu verzetteln, die wir im Wahlkampf sowieso schon viel zu oft erdulden müssen.

Natürlich haben auch die **Abgeordneten** viele Möglichkeiten, mit den Bürgern ins Gespräch zu kommen. Dazu übernehmen die Politiker folgende Aufgaben:

- Sie unterhalten ein eigenes *Wahlkreisbüro*, an das sich die Bürger im Bedarfsfall wenden können.

- Sie bieten regelmäßige *Sprechstunden* für ratsuchende Bürger an.

- Sie halten in ihrem Wahlkreis *politische Stammtische* ab, um den Kontakt zu den Bürgern zu suchen.

- Sie laden *Besuchergruppen* aus ihrem Wahlkreis nach Berlin ein, um sie in die politische Alltagsarbeit hineinschnuppern zu lassen.

- ⊗ Sie senden *Abgeordnetenbriefe* oder elektronische *Newsletter* an interessierte Bürger.

- ⊗ Sie präsentieren sich im *Internet*.

- ⊗ Sie beantworten Anfragen interessierter Bürger auf Plattformen wie 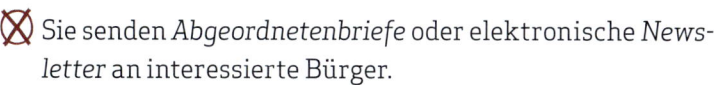 www.abgeordnetenwatch.de.

- ⊗ Sie suchen die Kommunikation mit jungen Leuten in den *sozialen Netzwerken*.

- ⊗ Sie kommentieren das aktuelle Zeitgeschehen über den Kurznachrichtendienst *Twitter*.

Bei diesen Tätigkeiten werden die Abgeordneten von hauptamtlichen Mitarbeitern unterstützt, die von den Parlamenten kontrolliert und mit Steuergeldern finanziert werden. Sonst wäre es den Abgeordneten kaum möglich, in den unterschiedlichen Medien ständig präsent zu sein.

Aber auch Bürger ohne Mandat und Amt haben die Möglichkeit, sich mit ihren Themen und Anliegen in die politische Diskussion einzubringen – in entsprechenden Themenforen oder den sozialen Netzwerken.

> ☞ *Nachdem der STERN über die anzüglichen Praktiken eines bekannten Politikers berichtet hatte, startete die Journalistin Anne Wizorek bei Twitter eine Diskussion über den Sexismus im Alltag. Unter dem Hashtag* **#aufschrei** *berichteten viele Frauen, was sie in der Familie, in der Nachbarschaft und im Büro erlebt hatten. Das führte zu einer öffentlichen Diskussion, die bald auch andere Medien und schließlich auch den Deutschen Bundestag erreichte.*

Viele betrachten das Internet deshalb auch als demokratisches Medium. Die elektronische Vernetzung so vieler Nutzer hat zu mehr Mitsprache und Beteiligung geführt. Daran können auch die vielen Lügen und Anfeindungen nichts ändern, die immer wieder im Netz verbreitet werden.

Sind öffentliche Diskussionen im Internet ein demokratisches Medium? Wo ist die Grenze?

Meinungen sind wie Arschlöcher – jeder hat eins. Und im Internet kann auch jedes Arschloch seine Meinung einfach rauspupsen und damit die Luft verpesten. Die Arschlöcher sind dabei besonders laut, weil sie einfach nur Totschlagargumente raushauen und dabei auf Fakten wenig Rücksicht nehmen. Lasst euch davon aber nicht entmutigen und greift auf keinen Fall zu den gleichen Waffen wie sie: Die Arschlöcher ziehen euch sonst auf ihr Niveau runter und schlagen euch dort mit ihrer Erfahrung. Beleidigungen sind keine Meinungsfreiheit, sondern werden von den Behörden verfolgt. Morddrohungen sind keine Meinungsfreiheit, sondern ebenfalls strafbar. Meldet deshalb Beleidigungen und Morddrohungen sofort – das müsst ihr euch nicht gefallen lassen. Ganz gleich, ob sie gegen euch, Freunde oder Personen gehen, die ihr nicht kennt: Wenn wir zusammenhalten und uns gegenseitig den Rücken freihalten, dann schützen wir damit auch die Demokratie.

Diskutiert konstruktiv und bringt nachvollziehbare Argumente. Das ist anstrengend und wird euch oft frustrieren, aber das hatten wir ja schon: Demokratie ist mühsam, aber das macht sie auch aus. Wir müssen immer wieder den Dialog mit den Gegnern der Demokratie suchen. Weil sie oft anonym agieren, fühlen sie sich wie eine große Masse an – aber das sind sie nicht. Sie sind eine kleine Minderheit, die nur deshalb so groß und laut wirkt, weil die Masse schweigt.

Tipps zum Thema Fake News

Hass im Netz und Fake News werden uns auch die nächsten Jahre noch beschäftigen – deshalb ist es so wichtig, dass wir gemeinsam dagegen vorgehen! Macht euch schlau darüber, wie ihr Fake News entlarven könnt, und lasst euch vom Hass im Netz nicht anstecken.

Schaut euch den Absender an. Bevor ihr einen Tweet oder ein Posting teilt, schaut euch ganz genau den Account an, der dahinter steckt:

- Wie lange existiert er schon? Brandneue Accounts sollten euch skeptisch machen!
- Wie viele Freunde bzw. Follower hat er? Wenige Freunde bzw. Follower und eine geringe Anzahl anderer Postings sollten bei euch ebenfalls die Alarmsirenen schrillen lassen

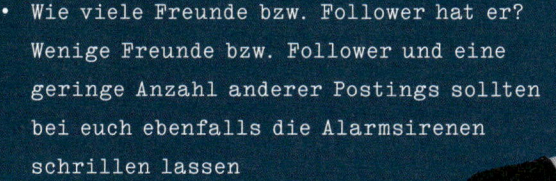

Überprüft Videos und Fotos. Eine beliebte Masche bei Fake News ist es, Fotos von anderen Ereignissen einfach mit neuen Headlines zu versehen: Auf die Weise wird aus einem Vorfall aus Ägypten im Jahr 2013 ein vermeintliches Beweisbild für das frauenfeindliche Verhalten von Flüchtlingen in Deutschland im Jahr 2016.

Über die Bildersuche von *Google* oder spezielle »Rückwärts-Suchmaschinen« für Bilder wie *Tineye* könnt ihr nach der wahren Quelle von Bildern suchen (und der ersten Veröffentlichung).

Amnesty International hat für Videos ein eigenes Tool entwickelt, das euch dabei unterstützt, die Originalversion zu finden: http://www.amnestyusa.org/sites/default/custom-scripts/citizenevidence/

Schaut ins Impressum. Websites müssen in Deutschland ein Impressum haben. Falls ihr kein Impressum finden solltet, handelt es sich nicht um eine Quelle, die ihr gedankenlos teilen solltet. Auch bei internationalen Websites solltet ihr das Impressum problemlos finden können. Falls ihr euch weiterhin unsicher seid, googelt nach dem Seitenbetreiber und schaut euch an, welche Infos Google dazu ausspuckt.

Berichten auch andere Medien? Generell solltet ihr jede Meldung vorher überprüfen, indem ihr nach der Schlagzeile googelt: Gibt es auch noch andere Websites, die darüber berichten? Falls ja, befinden sich darunter auch Websites, die ihr kennt und denen ihr vertraut? Falls nein: Teilt diesen Link nicht!

Interview mit CDU-Generalsekretär Peter Tauber zum Thema Fake News und digitale Medien auf Seite **259**

#DIREKTE DEMOKRATIE

Immer weniger Menschen gehen zur Wahl. Aber warum ist das so? Ein Grund könnte sein, dass sich die Wähler nicht direkt in die Politik einmischen dürfen. Sie können auf ihrem Wahlzettel keine inhaltlichen Fragen ankreuzen, sondern nur die Kandidaten, die von den Parteien aufgestellt wurden. Das empfinden viele Bürger als frustrierend. Sie würden viel lieber direkt zu den Themen befragt werden, die in der Politik diskutiert werden. Bei genauerem Hinsehen zeigt sich aber, dass unser politisches System sowohl *repräsentative* als auch *plebiszitäre* Elemente enthält (alle Formen von Volksabstimmung). Die Bürger können also nicht nur die Politiker wählen, sondern auch direkt mitbestimmen.

- In der **repräsentativen Demokratie** entsenden die Wähler die Politiker ihres Vertrauens in die Parlamente, die dann in ihrem Sinne entscheiden. Die Abgeordneten repräsentieren den Wählerwillen.

  An der Wahl des Bundeskanzlers sind die Bürger nicht direkt beteiligt. Nur die gewählten Abgeordneten des Deutschen Bundestages sind stimmberechtigt. Die Wähler können aber abschätzen, wie sich die Abgeordneten bei dieser Wahl verhalten werden.

- In der **plebiszitären Demokratie** ist das Parlament als Zwischeninstanz ausgeschaltet, so dass die Bürger über Abstimmungen direkt entscheiden können. Das gilt sowohl für die Wahl von Politikern als auch für inhaltliche Fragen der Politik.

👉 *Wenn es um die Wahl eines Bürgermeisters oder eines Landrats geht, entscheidet nicht das Kommunalparlament, sondern die wahlberechtigte Bevölkerung einer Stadt oder eines Kreises, wer das Amt ausüben soll. Hier werden die Bürger direkt nach ihrer Meinung gefragt.*

In unserer Demokratie überwiegen die repräsentativen Elemente. Das hat einen guten Grund. In der Weimarer Republik durften die Bürger direkt in das politische Geschehen eingreifen. Sie hatten beispielsweise die Möglichkeit, den Reichspräsidenten zu wählen. Doch das hat der jungen Demokratie nicht gutgetan. Reichspräsident von Hindenburg berief Hitler 1933 zum Reichskanzler. Die Folgen sind bekannt.

Dennoch werden die plebiszitären Elemente – also die direkte Mitbestimmung des Volkes – in unserer demokratischen Ordnung oft unterschätzt. Dabei haben die Bürger viele Möglichkeiten, in die Politik einzugreifen.

☒ Ein gewählter Bürgermeister kann von einer Mehrheit der Bürger wieder abgesetzt werden.

☒ Die Bürger können mit ihren Stimmen kommunale Bauvorhaben oder Verkehrsprojekte verhindern.

☒ Die Bürger können Themen durch Petitionen auf den Weg bringen, die vom Parlament beraten werden müssen.

☒ Die Bürger können Gesetzesvorhaben anregen und darüber abstimmen.

☒ Wenn einzelne Bestimmungen der Verfassung geändert werden sollen, muss die Bevölkerung befragt werden.

Als Musterland der direkten Demokratie gilt die Schweiz. Dort gibt es seit 1848 die *Eidgenössische Volksinitiative*: Wer die Verfassung ändern oder ein Gesetz auf den Weg bringen möchte, braucht dafür 100 000 Unterstützer. Kann er genügend Unterschriften vorlegen, muss eine Volksabstimmung abgehalten werden, an der sich alle wahlberechtigten Bürger beteiligen können. In der Schweiz hat es bereits über 200 solcher Abstimmungen gegeben, wobei die meisten Gesetzesinitiativen von den Bürgern abgelehnt wurden.

☞ Am Beispiel der Schweiz wird deutlich, warum diese Form der direkten Demokratie auch viele Gegner hat. 2009 wurde eine Volksinitiative gestartet, die im ganzen Land den Bau von Minaretten verbieten wollte. 57,5 % der Schweizer stimmten für diesen Vorschlag, der dem Grundrecht auf freie Religionsausübung eindeutig widerspricht. In der direkten Demokratie kann es also zu Spannungen zwischen der Meinung der Mehrheit und den Rechten Einzelner kommen. In dieser Form der Demokratie sind diese Konflikte immer wieder ein Thema.

International haben sich unterschiedliche Formen der direkten Demokratie durchgesetzt, bei denen die Bürger ihre Meinung einbringen können. Es gibt vier verschiedene Beteiligungsformen:

Volkspetition	Wenn eine bestimmte Anzahl von Unterschriften vorliegt, muss ein Anliegen in einem Ausschuss oder im Plenum des Parlaments beraten werden. Die Bürger können damit durchsetzen, dass sich die Politik um die Themen kümmert, die ihnen wichtig sind.

Volksbefragung	Die Regierung oder das Parlament können sich an die Bevölkerung wenden und sie zu einzelnen politischen Themen befragen. Das Ergebnis ist aber völlig unverbindlich. Es zwingt die Verantwortlichen nicht zum Handeln. Weil dazu das Volk konsultiert – also befragt – wird, spricht man in einigen europäischen Ländern auch von einer *konsultativen Volksbefragung*.
Referendum	Die Regierung oder das Parlament legen den Bürgern ein fertig ausgearbeitetes Gesetz oder einen völkerrechtlich verbindlichen Vertrag vor. Die Bürger können diesem Entwurf dann zustimmen oder ihn ablehnen.
Volksbegehren/ Volksinitiative	Die Bürger haben die Möglichkeit, selbst einen Gesetzentwurf oder eine Verfassungsänderung vorzulegen und die Bevölkerung darüber abstimmen zu lassen. Diese Form der direkten Demokratie setzt eine vorgeschriebene Zahl von Unterstützern voraus und muss mit der Verfassung im Einklang stehen.

Auf *Bundesebene* sind solche Abstimmungen nur zulässig, wenn die Grenzen der Bundesländer verändert werden soll. Hier sieht der Artikel 29 des Grundgesetzes ausdrücklich eine Mitwirkung der Bürger vor. In allen anderen Fällen ist eine direkte Bürgerbeteiligung nicht möglich.

☞ *1995 waren die Bürger in Berlin und Brandenburg aufgerufen, über eine Zusammenlegung der beiden Bundesländer zu entscheiden. Die Regierungen beider Länder hatten einen entsprechenden Gesetzentwurf vorgelegt und für dieses Projekt geworben. Die Bürger ließen sich davon aber nicht beeindrucken und stimmten mehrheitlich gegen eine Fusion.*

Zunehmend wird darüber diskutiert, ob die Bürger künftig auch auf Bundesebene nach ihrer Meinung gefragt werden sollten.

Einzelne Parteien haben die Einführung solcher Volksabstimmungen zu bundespolitischen Themen bereits in ihr Programm aufgenommen.

Was spricht für oder gegen Volksabstimmungen auf Bundesebene?

ARGUMENTE FÜR VOLKSABSTIMMUNGEN AUF BUNDESEBENE	ARGUMENTE GEGEN VOLKSABSTIMMUNGEN AUF BUNDESEBENE
Die allgemeine Politikverdrossenheit könnte abgebaut werden. Die Leute hätten das Gefühl, von der Politik ernst genommen zu werden.	Viele politische Forderungen sind so umfassend und kompliziert, dass man ihnen nicht einfach zustimmen oder sie ablehnen kann.
Die politische Debatte würde sich mehr mit Inhalten befassen. Das würde den Diskurs versachlichen.	Die Stammtische in diesem Land würden die Macht übernehmen. Denn für Volksabstimmungen eignen sich vor allem populistische Themen – zu Lasten bestimmter Minderheiten.
Volksabstimmungen haben sich auf Gemeinde- und Landesebene bewährt. Das Interesse der Menschen ist aber vor allem auf die Bundespolitik gerichtet.	Wenn die Bürger direkt mitentscheiden, setzen sich immer die gebildeten und einkommensstarken Bevölkerungsschichten durch – und nicht die sozial Schwachen.
Die Politiker könnten nicht länger schalten und walten, wie sie wollen.	Volksabstimmungen sind ein klares Misstrauensvotum gegen unsere Abgeordneten. Ihnen wird nicht länger zugetraut, im Interesse der Bürger zu entscheiden.

Politische Entscheidungen könnten von den Bürgern durchgesetzt werden – und nicht von irgendwelchen Lobbyisten, die Druck auf die Abgeordneten ausüben.

Wenn wir so oft abstimmen würden wie in der Schweiz, würde sich bald ein Abnutzungseffekt einstellen. Immer weniger Bürger würden sich an den Abstimmungen beteiligen und die Meinung extremer Minderheiten könnte mehr Gewicht bekommen.

Was bedeutet Populismus? Was hätte das für Auswirkungen auf die Politik?

Populismus bedeutet zunächst nichts Negatives, sondern schlicht und einfach nur »Nähe zum Volk«. Trotzdem hat sich Populismus zu einem Schimpfwort entwickelt, denn die Nähe zum Volk wird nicht gelebt, sondern nur vorgegaukelt: Populistisch wird es immer dann, wenn einfache Lösungen für komplexe Fragen in den Raum geworfen werden. Die AfD will Politik komplett auf einfache Lösungen runterbrechen, die bei genauerer Betrachtung überhaupt keine Lösungen sind. Stattdessen wird dem Volk nach dem Mund geredet, um damit Wählerstimmen abzugreifen und gleichzeitig Stimmung zu machen. Solche Parteien spielen mit den Gefühlen und manipulieren ihre Wähler. Fakten sind nerviger Ballast und werden gern ignoriert – wichtig ist die Geschichte, die erzählt wird, und nicht die Wahrheit.

Besonders beliebt ist bei Populisten das alte Märchen davon, dass die Ausländer eigentlich an allem schuld sind. Das entspricht zwar nicht den Tatsachen, klingt aber gut und verspricht einfache Lösungen. Das kommt bei den Wählern an, die erst nach der Wahl mit Schrecken feststellen, dass sie auf Lügner reingefallen sind.

Populismus beginnt aber oft schon weit vorher und deutlich subtiler: Wenn eine Partei wie die FDP die Bürger vor die Frage stellt: »Soll der Flughafen Tegel offen bleiben?«, dann wissen die Politiker ganz genau, dass es mit einem simplen »Ja« oder »Nein« nicht getan ist. Korrekterweise müssten sie fragen:

»Wollt ihr, dass der Flughafen Tegel offen bleibt? Das bedeutet aber auch, dass die Anwohner weiterhin den Fluglärm ertragen müssen und höchstwahrscheinlich dagegen klagen würden, dass die ganze Kohle für den BER-Flughafen wahrscheinlich zum Fenster rausgeworfen wurde und der Weiterbetrieb des Flughafens Tegel gegen ein Urteil des Bundesverwaltungsgerichts verstößt.«

Na, habt ihr euch in diesem siebenzeiligen Satzmonster jetzt mehrmals verheddert und gar nicht alles komplett verstanden? Dann checkt ihr ja jetzt, warum Politiker zu Populismus greifen: weil es einfacher ist. Je besser wir aber verstehen, dass Politik komplex und kompliziert ist, desto mehr schrecken uns einfache Antworten ab – denn sie sind das sicherste Anzeichen dafür, dass uns ein Populist verarschen will.

Was auf Bundesebene noch als Zukunftsvision gilt, ist in den *Bundesländern* oder in den *Kommunen* längst gängige Praxis. Die meisten Volksentscheide gab es im konservativen Bayern. Die bayerische Verfassung liest sich fast wie eine Aufforderung, die Politik nicht den Politikern zu überlassen, sondern selbst aktiv zu werden – durch direkte Bürgerbeteiligung.

In *Bayern* haben die Bürger seit 1946 die Möglichkeit, Gesetzesinitiativen zu starten und dafür entsprechende Mehrheiten zu organisieren. Dafür brauchen sie zunächst 25 000 Unterschriften, die von den Gemeindebehörden überprüft werden müssen. Nach der Prüfung setzen die staatlichen Stellen ein *Volksbegehren* an. Jetzt haben die Bürger 14 Tage Zeit, sich in die Listen einzutragen, die in Ämtern oder Schulen ausliegen. Wenn ein Zehntel der Wahlberechtigten das Volksbegehren unterzeichnet, findet wenige Monate später ein *Volksentscheid* statt. Ein Volksentscheid ist ähnlich organisiert wie eine Landtagswahl: An einem bestimmten Sonntag öffnen die Wahllokale in Bayern, und die Bürger haben die Möglichkeit, sich für oder gegen den Vorschlag der Initiatoren zu entscheiden. Der Vorschlag mit den meisten Stimmen hat gewonnen – und das völlig unabhängig davon, wie viele Menschen an dem Volksentscheid teilgenommen haben. Vorher muss allerdings der Landtag gefragt werden, ob er den Gesetzesvorschlag übernehmen oder sich lieber mit einem eigenen Vorschlag einbringen möchte.

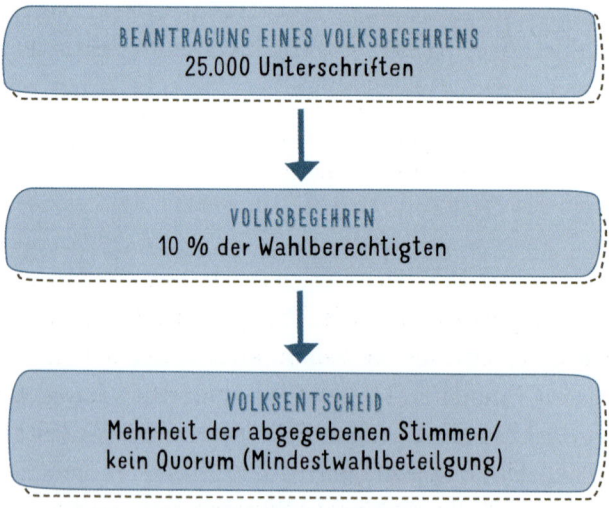

In Bayern stellt die CSU seit 1957 ununterbrochen die Regierung. So lange konnte sich noch keine andere Partei in einem Bundesland an der Macht halten. In dieser Zeit hat es immer wieder Volksbegehren gegeben, mit denen die Bürger der CSU ihre Meinung aufgezwungen haben. Auch die jüngere Geschichte Bayerns ist durch den direkten Bürgerwillen geprägt.

ERFOLGREICHE VOLKSBEGEHREN IN BAYERN

Jahr	Ergebnis
1968	Die Trennung in katholische und evangelische Schulen wird aufgegeben und die christliche Gemeinschaftsschule eingeführt.
1973	Auch private Hörfunk- und Fernsehsender unterstehen öffentlicher Kontrolle und Verantwortung.
1995	Auf kommunaler Ebene können künftig Bürgerentscheide stattfinden.
1998	Der *Senat*, die zweite Kammer des Bayerischen Parlaments, wird ersatzlos abgeschafft.
2010	In Gastwirtschaften, Kneipen und Bierzelten Bayerns gilt ein uneingeschränktes Rauchverbot.
2013	Die Studiengebühren an Bayerns Universitäten und Fachhochschulen werden wieder abgeschafft.

In anderen Bundesländern sind solche Volksbegehren inzwischen ähnlich organisiert. Die *Volksgesetzgebung* ist auf dem Vormarsch. Allerdings bestehen einige Länder auf einem bestimmten **Quorum** – also einer Mindestbeteilung. Das ist eine zusätzliche Hürde für den Erfolg eines Volksbegehrens. In Hamburg wird ein Volksbegehren erst dann anerkannt, wenn mindestens 25 % der Wahlberechtigten für einen bestimmten

Gesetzentwurf gestimmt haben. Die Initiatoren müssen die Bürger also nicht nur von der Richtigkeit ihres Anliegens überzeugen. Sie müssen auch erreichen, dass die Bürger tatsächlich im Wahllokal erscheinen. Bei einer zu geringen Beteiligung ist das Volksbegehren in Hamburg gescheitert.

Auch in Städten und Gemeinden wird von der direkten Demokratie Gebrauch gemacht. In vielen Bundesländern sind **Bürgerbegehren** möglich, mit denen die Bevölkerung Entscheidungen kommunaler Parlamente beeinflussen kann. Oft geht es darum, bestimmte Investitionsprojekte zu verhindern – wie den Bau einer Umgehungsstraße, eines Einkaufszentrums oder die Errichtung von Windkraftanlagen. Die Initiative *Mehr Demokratie* hat in ihrem Bericht über Bürgerbegehren vorgerechnet, dass es seit 1956 in Deutschland 3491 Bürgerbegehren gegeben hat, die zu einem Bürgerentscheid führten (→ www.mehr-demokratie.de). Die Bürgerbeteiligung wird also durchaus angenommen.

> 2016 wurden insgesamt 43 Bürgerbegehren gestartet, um den Bau oder den Bezug einer Flüchtlingsunterkunft zu verhindern. Nur in sehr wenigen Fällen kam es tatsächlich zu einer Abstimmung, die nur in einem einzigen Fall erfolgreich war: in der Gemeinde Waldburg in Baden-Württemberg. In zwei weiteren Gemeinden scheiterte das Bürgerbegehren, weil dafür nicht das erforderliche Quorum zusammenkam. Diese Zahlen widerlegen alle Befürchtungen, die Bürgerbegehren könnten zu einer Spielwiese fremdenfeindlicher Akteure und rechtslastiger Gruppen werden.

Durch die positiven Erfahrungen mit Bürgerbegehren fühlen sich alle Befürworter der direkten Demokratie ermutigt. Sie wünschen sich diese Entscheidungen auch auf Bundesebene und plädieren für eine Direktwahl des Bundespräsidenten durch die Bürger. Insgesamt scheint sich das politische System unseres Landes in Richtung direkte Demokratie zu verschieben.

Verschiebt sich das politische Ssytem unseres Landes wirklich in Richtung direkte Demokratie?

Alle wollen Bürgerbegehren – aber wenn es dann um die Abstimmung geht, macht keiner mehr mit. Deshalb kommen Bürgerbegehren nur dann zustande, wenn auch eine Mindestanzahl an Bürgern abgestimmt hat. Auf diese Weise stellt der Staat sicher, dass das Ergebnis auch den Willen der Bürger repräsentiert.

Das größte Problem bei Bürgerbegehren ist, dass jeder Wahlberechtigte auch mitmachen kann. Es wird aber nicht überprüft, ob er sich überhaupt mit dem Thema auskennt. Wo das hinführt, haben wir beim Brexit gesehen: Nach der Abstimmung haben zahlreiche Bürger gegoogelt, was Brexit überhaupt bedeutet – aber da war es schon zu spät.

Klar könnte man jetzt argumentieren, dass bei einer regulären Wahl auch niemand überprüft, wie gut sich jemand mit Politik überhaupt auskennt. Aber bei einem Bürgerbegehren geht es fast immer um ein konkretes Thema: Sollen wir das Schwimmbad offenhalten oder schließen? Da stimmt natürlich jeder für »offenhalten«, denn wer will schon, dass das öffentliche Schwimmbad geschlossen wird? Woher die Millionen Euro für die Sanierung kommen sollen oder ob die Stadt sich das Schwimmbad überhaupt leisten kann, das spielt dann keine Rolle.

Man muss also eine sehr informierte Entscheidung treffen. Natürlich kann man jetzt sagen, dass es die Pflicht der Politik jetzt ist, die Bürger zu informieren. Das tut sie meist auch – nur wie sehr nehmen wir es wahr? Und wie sehr interessiert es uns wirklich? Eigentlich haben wir unsere Abgeordneten dafür gewählt, dass sie Entscheidungen in unserem Sinne treffen – leider auch manchmal unschöne, aber damit muss man auch leben können.

Wir sollten uns also fragen: Wie sehr sind wir dazu bereit, uns aktiv über die Hintergründe zu informieren, die zu einem Bürgerbegehren führen? Bisherige Bürgerbegehren zeigen deutlich, dass zu viele Leute nicht mal dazu bereit sind, überhaupt am Sonntag ins Wahllokal zu gehen. Wollen wir wirklich, dass die Seite, die ihre Befürworter am besten mobilisieren kann, am Ende gewinnt? Das sollte ja nicht die Quelle der Entscheidung sein, weil sonst Populisten leichtes Spiel haben. Bevor wir also sagen, dass wir für mehr Bürgerbegehren bereit sind, sollten wir vielleicht erst mal dafür sorgen, dass wir unser bisheriges Wahlrecht intensiver in Anspruch nehmen, oder?

6. PARTEIEN UND POLITIKER

#POLITIK ALS BERUF

Wer sich für die Politik entscheidet, hat kaum noch Zeit für andere Dinge. Das gilt auch für den **Feierabendpolitiker**. Er hat einen Beruf und engagiert sich nebenbei in der Politik. Feierabendpolitiker findet man vor allem in den Kommunalparlamenten. Sie nehmen nach Dienstschluss an Sitzungen teil, treten auf Veranstaltungen auf oder halten Sprechstunden ab. Viele Feierabendpolitiker kommen deshalb auf eine Siebzigstundenwoche, erhalten dafür aber keine angemessene Entschädigung. Was treibt diese Menschen an, auf Freizeit zu verzichten und sich stattdessen mit kommunalpolitischen Themen zu beschäftigen? Offensichtlich die Aussicht, etwas bewegen oder verändern zu können. Eine Stadträtin oder ein Kreisrat können innerhalb der Verwaltung einiges durchsetzen. Darüber hinaus gefällt es einigen, bevorzugt behandelt zu werden. Auch dieser Nebeneffekt könnte eine Rolle spielen.

Die Abgeordneten in den Landtagen und im Deutschen Bundestag haben die Politik dagegen zu ihrem Beruf gemacht. Auch auf sie kommt eine große Arbeitsbelastung zu. Außerdem haben sie bereits viel Engagement und Freizeit in ihre politische Karriere investiert, bevor es mit einem Einzug ins Parlament überhaupt klappt. **Berufspolitiker** sind ebenfalls davon überzeugt, als Abgeordnete das politische Geschehen beeinflussen zu können.

Doch es gibt auch eine Kehrseite. Wer über einen längeren Zeitraum als Berufspolitiker arbeitet, verliert leicht die Bodenhaftung, da Ihnen aufgrund ihres Mandats eine Vorzugsbehandlung zugestanden wird. Er freundet sich mit seiner herausgehobenen Rolle an und kann sich kaum noch in die Situation ganz normaler Bürger hineinversetzen.

> ☞ *Jeder Bundestagsabgeordnete kann mit dem Flugzeug von seinem Wohnort nach Berlin kommen. Diese Flüge sind für Berufspolitiker ebenso kostenlos wie Bahnfahrten in der 1. Klasse. Viele Abgeordnete können sich gar nicht mehr vorstellen, wie sich Fahrten in überfüllten Regionalzügen anfühlen oder wie man im ausgedünnten Streckennetz der Deutschen Bahn täglich seinen Arbeitsplatz erreicht. Den Abgeordneten stehen viele Privilegien zu, von denen ein normaler Arbeitnehmer nur träumen kann.*

Deshalb gibt es Vorschläge, die Amtszeit eines Abgeordneten auf zwei *Legislaturperioden* zu begrenzen. Für Mitglieder des Deutschen Bundestages wäre dann nach acht Jahren Schluss. Nach vier Jahren könnten sie noch einmal wiedergewählt werden und müssten ihren Platz danach für einen nachrückenden Politiker räumen. Dieses **Rotationsprinzip** würde verhindern, dass Politiker viele Jahrzehnte im Bundestag sitzen – wie der derzeitige Finanzminister Wolfgang Schäuble. Er ist seit 1972 Mitglied im Deutschen Bundestag und wird im Herbst 2017 noch einmal kandidieren.

Aber was sind die Vor- und Nachteile des Rotationsprinzips?

ARGUMENTE FÜR DIE EINFÜHRUNG DES ROTATIONSPRINZIPS	ARGUMENTE GEGEN DIE EINFÜHRUNG DES ROTATIONSPRINZIPS
Die Abgeordneten entfremden sich nicht von den Alltagssorgen der Durchschnittsbürger.	Die Wähler sollten selbst entscheiden, wann sie von ihrem Abgeordneten genug haben.
Die Hälfte der Abgeordneten wären Neulinge, die frischen Wind in die Parlamentsarbeit bringen.	Im Parlament würden viele Neulinge, aber zu wenige Abgeordnete mit Erfahrung sitzen.
Auch die Spitzenpolitiker müssten rotieren, so dass es häufiger zu einem Wechsel des Führungspersonals kommen würde.	Der Bundestag würde zu einem reinen Beamtenparlament werden, weil nur Beamte problemlos in ihren alten Beruf wechseln können.

Das Parlament sollte immer Spiegelbild der Gesellschaft sein, also eine bunte Mischung aus Jungen und Alten, Männern und Frauen, Arbeitern und Akademikern, Christen und Muslimen. Dieses Ziel wird vom Deutschen Bundestag regelmäßig verfehlt. Das zeigt sich vor allem am Anteil der **Frauen**, die hier immer noch in der Minderheit sind. Im Jahr 1949 lag ihr Anteil bei 6,8 %. Das konnte bis heute immerhin auf 36,5 % gesteigert werden. Bei der Verteilung von Männern und Frauen gibt es innerhalb der einzelnen Fraktionen große Unterschiede. Entscheidend ist, ob es innerhalb einer Partei eine verbindliche *Frauenquote* gibt. Dann bestimmt die Parteisatzung, welcher Prozentsatz der Mandate an Frauen vergeben wird.

⊗ In der *Linksfraktion* und bei *Bündnis 90/Die Grünen* sind die weiblichen Abgeordneten in der Überzahl. In beiden Parteien gilt eine Frauenquote, die mindestens 50 % der Parlamentssitze Frauen vorbehält.

- In der *SPD-Fraktion* sind die Männer immer noch in der Mehrheit, obwohl die Frauen stark aufgeholt haben. Die Partei hat eine Frauenquote beschlossen, nach der den Frauen mindestens 40 % der Mandate zustehen. Das gilt aber nur für die Aufstellung der Landeslisten, nicht für die Kandidaturen in den Wahlkreisen.

- In der *CDU/CSU-Fraktion* stehen 79 Frauen einer Übermacht von 230 Männern gegenüber. In der CDU gibt es keine Frauenquote, sondern lediglich ein Frauenquorum, das den Frauen wenigstens ein Drittel der Parlamentssitze sichern soll. In der CSU gilt eine Frauenquote nur bei der Besetzung von Parteiämtern. Eine Frauenquote gilt hier z.B., wenn ein Vorstand zu besetzen ist oder wenn die Delegierten zum Parteitag bestimmt werden.

Noch weniger repräsentativ ist der Deutsche Bundestag, wenn es um die **Berufe** der Abgeordneten geht. Die größte Gruppe stellen die Beamten. 115 der insgesamt 630 Abgeordneten sind Beamte. An zweiter Stelle kommen Abgeordnete, die vorher für eine Partei, eine Gewerkschaft oder einen Politiker gearbeitet haben. Rechtsanwälte sind mit 80 Abgeordneten im Bundestag vertreten und damit deutlich überrepräsentiert. Dieser Übermacht aus Beamten, Angestellten und Selbständigen stehen neun Abgeordnete gegenüber, die sich noch in der Ausbildung oder im Studium befinden. Und nur ein einziger Arbeitsloser hat es bis in den Bundestag geschafft.

Viele unserer Spitzenpolitiker sind schon so viele Jahre im Geschäft, dass ihre berufliche Herkunft längst vergessen ist. Trotzdem kann man auch hier interessante Entdeckungen machen.

Auswahl früherer Berufe einzelner Politiker:

NAME	FUNKTION	BERUFSTÄTIGKEIT
Sigmar Gabriel	Bundesaußenminister	Deutschlehrer für Ausländer
Barbara Hendricks	Bundesumweltministerin	Historikerin
Winfried Kretschmann	Ministerpräsident von Baden-Württemberg	Lehrer an einer Kosmetikschule
Ursula von der Leyen	Bundesverteidigungsministerin	Ärztin
Angela Merkel	Bundeskanzlerin	Physikerin
Claudia Roth	Bundestagsvizepräsidentin	Managerin einer Punkrockband
Manuela Schwesig	Ministerpräsidentin von Mecklenburg-Vorpommern	Finanzbeamtin
Martin Schulz	Kanzlerkandidat der SPD	Buchhändler
Horst Seehofer	Vorsitzender der CSU	Amtsinspektor
Johanna Wanka	Bundesbildungsministerin	Mathematikerin

Für die genannten Amtsträger und Funktionäre hat sich der Wechsel in die Politik ausgezahlt. Sie verdienen heute deutlich mehr als früher. Das kann man leicht herausfinden, denn aus den Gehältern der Politiker wird kein Geheimnis gemacht. Mit ein paar Klicks im Internet kann jeder nachlesen, wie viel die Bundeskanzlerin oder der örtliche Abgeordnete verdient. Außerdem verstehen sich einige Mitglieder des Deutschen Bundestages als »*Gläserne Abgeordnete*«. Sie veröffentlichen auf ihrer Homepage eine detaillierte Aufstellung ihrer Einnahmen und Ausgaben – und bemühen sich damit um ein Höchstmaß an Transparenz.

Das Grundgesetz stellt in Artikel 48 Absatz 3 klar, dass jeder Abgeordnete des Deutschen Bundestages Anspruch auf eine angemessene Entschädigung hat. Die Gehälter der Abgeordneten werden auch **Diäten** genannt. Seit 1. Juli 2016 stehen jedem Mitglied des Deutschen Bundestages *monatliche Diäten* in Höhe von **9327, 21 Euro** zu. Diese Diäten sind einkommensteuerpflichtig. Außerdem steigen sie jedes Jahr um einen Betrag, der einer allgemeinen Einkommensentwicklung entspricht. Darüber hinaus hat jeder Abgeordnete Anspruch auf eine *Aufwandsentschädigung* in Höhe von **4305,46 Euro**, um sein Wahlkreisbüro und eine Zweitwohnung in Berlin zu bezahlen.

Für viele Bürger sind das astronomische Summen. Deshalb ist die Höhe der Abgeordnetendiäten an den Stammtischen ein beliebtes Thema. Die Aufregung dürfte sich aber legen, wenn man die Einkommen der Politiker mit denen deutscher Manager vergleicht. Der Bundeskanzlerin stehen jährliche Einkünfte in Höhe von 300 000 Euro zu. Das ist nicht wenig. Die Vorstandsmitglieder der DAX-Unternehmen verdienen in einem Jahr jedoch durchschnittlich sechs Millionen Euro – und damit das Zwanzigfache! (SZ vom 30. März 2016) Wer sich über die angeblich zu hohen Einkünfte unserer Politiker beschwert, sollte sich lieber die Managergehälter vornehmen. Denn hier ist der Handlungsbedarf noch viel größer.

Die guten Einkünfte der Abgeordneten haben aber auch ihren Preis. Kaum ein Beruf genießt in Deutschland so wenig **Ansehen** wie der des Politikers. Das zeigt eine aktuelle Umfrage.

Leute wurden auf der Straße gefragt: »Welche Berufsgruppe hat bei Ihnen ein sehr hohes oder hohes Ansehen?« Die Politiker erreichten mit 24 % einen deutlich niedrigen Wert. Nur die Versicherungsvertreter schnitten mit 12 % noch schlechter ab. Feuerwehrleute (95 %), Polizisten (84 %) und sogar Soldaten (58 %) kommen auf wesentlich bessere Prozentzahlen. Auch Lehrer stehen mit 71 % wesentlich besser da als Berufspolitiker. Ihre Diäten können also auch als eine Art Schmerzensgeld betrachtet werden, mit denen die Abgeordneten für ihr geringes Ansehen entschädigt werden sollen.

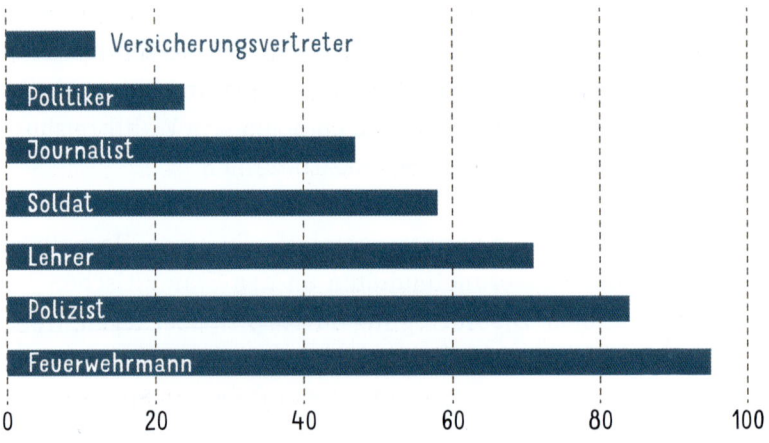

Die Laufbahn eines Politikers kann geplant sein, aber auch von Zufällen abhängen. Es kommt ganz darauf an, welchen Weg er einschlägt.

⊗ Hat ein Politiker die klassische **»Ochsentour«** absolviert? So nennt man eine politische Karriere, bei der sich ein Politiker innerhalb der Partei von Posten zu Posten und von Ebene zu Ebene hochdient. Wer sich darauf einlässt, muss an vielen quälend langen Sitzungen teilnehmen.

👉 Der Unterfranke Bernd Rützel trat 1992 in die SPD ein und rückte vier Jahre später in den Vorstand des Ortsvereins Gemünden am Main auf. 2004 wurde er außerdem Mitglied des SPD-Kreisvorstands Main-Spessart. Vier Jahre später wurde er zum stellvertretenden Kreisvorsitzenden gewählt und stieg 2010 zum Vorsitzenden des SPD-Unterbezirks Main-Spessart/Miltenberg auf. Im selben Jahr wurde Bernd Rützel Mitglied des Bezirksvorstands seiner Partei in Unterfranken und 2012 stellvertretender Vorsitzender. Seit 2013 ist Rützel Mitglied des Deutschen Bundestages.

❌ Ist ein Abgeordneter als **Seiteneinsteiger** zu seinem Mandat gekommen? Seiteneinsteiger haben sich oft als Wissenschaftler, Manager oder Künstler einen Namen gemacht. Wenn sie von einer Partei als Kandidat aufgestellt werden, verspricht man sich davon einen gewissen Werbeeffekt – auch wenn damit immer ein Risiko verbunden ist.

👉 Viele Fernsehzuschauer kennen den Schauspieler Charles M. Huber aus der ZDF-Krimiserie »Der Alte«. In über 100 Folgen spielte er den Kriminalkommissar Henry Johnson, der seinen Chef zum Tatort begleitete und ihm lästige Befragungen abnahm. 2013 bot die CDU in Darmstadt dem Schauspieler mit senegalesischen Wurzeln überraschend eine Kandidatur für den Deutschen Bundestag an. Dort ist er heute das einzige dunkelhäutige Mitglied der Unionsfraktion.

Politische Karrieren lassen sich nicht bis ins Detail planen. Wer sich aber darauf einlässt, sollte sich möglichst als Fachpolitiker profilieren. Die Parteien honorieren Kompetenz und Sachverstand. Solche Qualitäten zählen bei der Besetzung politischer Ämter mehr als die Umtriebigkeit, die manche bei Seniorennachmittagen oder Schafkopfturnieren zeigen. Wer sich als guter Organisator profiliert hat, muss deswegen noch kein guter Abgeordneter sein.

> Interview mit Staatssekretärin Dorothee Bär über den Alltag einer Bundestagsabgeordneten auf Seite 212

#DIE PARTEIEN

Viele junge Leute interessieren sich nicht für eine politische Karriere. Sie müssten einer Partei beitreten und sich politisch engagieren. Dazu haben sie keine Lust, denn die Parteien genießen in unserem Land keinen guten Ruf. Die *Parteienverdrossenheit* ist sehr ausgeprägt. Dabei spielen die Parteien eine aktive Rolle bei der Ausgestaltung unserer Demokratie. In Artikel 21 des Grundgesetzes heißt es: »*Die Parteien wirken bei der politischen Willensbildung des Volkes mit.*«

Die politische Ordnung unseres Landes wird deshalb auch gern als **Parteiendemokratie** beschrieben. Ohne die Parteien würde in der Politik nicht viel laufen. Es hat auch noch nie einen parteilosen Bundeskanzler gegeben und erst ein Mal einen parteilosen Bundespräsidenten – den allseits beliebten Joachim Gauck.

Die Parteiendemokratie ist eine Alternative zur Alleinherrschaft einer Partei, wie sie in diktatorischen Systemen vorherrscht. In einer Demokratie konkurrieren immer mehrere Parteien miteinander. Sie wechseln sich in der Führung der Staatsgeschäfte ab, denn in einer lebendigen Demokratie hat keine Partei die Macht gepachtet. Alle Parteien stehen in einem fairen Wettbewerb um die Gunst der Wähler. Man spricht deshalb auch von einem **pluralistischen Parteiensystem**. So etwas wäre im Hitler-Deutschland oder in der DDR undenkbar gewesen.

Um die besondere Rolle der Parteien zu unterstreichen und von Verbänden und Vereinen abzugrenzen, gilt in Deutschland das **Parteienprivileg**:

- ⊗ Eine Partei kann nur vom Bundesverfassungsgericht verboten werden – in einem Verfahren mit vielen Hürden.

- ⊗ Eine Partei kann unbegrenzt Versammlungen abhalten und darf dabei nicht von irgendwelchen Behörden behindert werden.

- ⊗ Die Wahlspots der Parteien im Fernseher dürfen von den Sendern nicht zensiert werden – auch wenn es um fragwürdige Inhalte geht.

Nicht jeder Spaßverein kann sich als Partei ausgeben und die Vergünstigungen des Parteienprivilegs in Anspruch nehmen. Für den **Status einer politischen Partei** gelten strenge Kriterien:

- ⊗ Eine Partei muss auf Dauer angelegt sein. Es darf sich nicht um ein spontanes Projekt handeln.

- ⊗ Eine Partei muss sich in die politische Willensbildung einbringen und über ein eigenes Programm verfügen.

- ⊗ Eine Partei muss sich um den Einzug in die Landesparlamente und um eine Vertretung im Deutschen Bundestag bemühen.

- ⊗ Eine Partei muss ihre Ziele ernsthaft verfolgen und nicht nur aus reinem Spaß handeln.

☞ *Umstritten ist, ob die Partei, die sich selbst »Die Partei« nennt, die genannten Kriterien erfüllt. »Die Partei« fordert beispielsweise die Einführung einer »Faulenquote«. Danach sollen 17 % aller Führungspositionen in der öffentlichen Verwaltung an Drückeberger und Müßiggänger vergeben* werden. Außerdem verlangt »Die Partei« statt eines acht- oder neunjährigen Abiturs (G8 oder G9) die Einführung des »G1«, das mit einem Notabitur und einer halbstündigen Prüfung an der Tafel abgeschlossen werden soll. Obwohl solche Forderungen nicht wirklich ernst gemeint sind, ist »Die Partei« in den Stadträten von Frankfurt und Lübeck und sogar mit einem Sitz im Europäischen Parlament vertreten. *(www.die-partei.de)*

Wie hat die Partei das geschafft? Was sagt das über unsere Demokratie und die Wähler aus?

Dass die Partei überhaupt existiert und Wähler finden konnte, ist zunächst erst mal ein Zeichen für eine gesunde und gute Demokratie: Es ist möglich, eine neue Partei zu gründen und für deren Programm auch Gehör zu finden. Das Programm von DIE PARTEI ist aber natürlich nur ein Haufen echt gutgemachter Quatsch – deshalb ist der Erfolg auch ein Zeichen der zunehmenden Politikverdrossenheit. Die meisten Wähler von DIE PARTEI sehen darin eine intelligente Form der Protestwahl und eine sinnvollere Alternative, als nicht wählen zu können.

Ihren Wahlerfolg hat DIE PARTEI auf dem gleichen Weg erreicht wie populistische Parteien: indem sie für Schlagzeilen und Provokationen sorgte, die ihr die nötige Aufmerksamkeit besorgt hatte, um vorwiegend junge Wähler für sich zu gewinnen.

Auf den ersten Blick unterscheiden sich alle Parteien voneinander – vor allem durch ihr Programm. Jede Partei steht für bestimmte Forderungen, durch die sie sich von ihren Mitbewerbern abhebt. Außerdem sind die Parteien sehr unterschiedlich organisiert. Daraus lässt sich eine *Typologie* politischer Parteien ableiten.

PARTEITYPUS	BESCHREIBUNG	BEISPIEL
Wählerpartei	Die Partei hat kaum ein Eigenleben. Sie ist ganz auf die Arbeit in Parlament und Regierung ausgerichtet.	die CDU in den ersten Jahren ihres Bestehens
Mitgliederpartei	Viele Wähler sind gleichzeitig Mitglieder der Partei. Es herrscht ein aktives Parteileben – auch wenn die Partei bei Wahlen nicht unbedingt sehr erfolgreich ist.	die SPD in den ersten Jahren der Bundesrepublik
Klientelpartei	Die Partei vertritt die Interessen einer einzelnen Bevölkerungsgruppe und versucht in Parlament und Regierung für ihre Wähler so viel wie möglich herauszuholen.	die FDP in der Zeit der schwarz-gelben Koalition (2009–2013)
Volkspartei	Die Partei wird von unterschiedlichen Bevölkerungsgruppen gewählt und bemüht sich um einen fairen Ausgleich verschiedener Interessen. Sie will für jedermann wählbar sein.	die CDU unter Angela Merkel
Interessenpartei	Die Partei vertritt bestimmte inhaltliche Anliegen, nicht die Belange einzelner Bevölkerungsgruppen. Sie will alle ansprechen, denen dieses Anliegen wichtig ist.	die Grünen in den ersten Jahren ihrer noch jungen Geschichte

Regionalpartei	Die Partei vertritt eine Minderheit in einem bestimmten Landesteil. Sie sorgt dafür, dass deren Interessen angemessen berücksichtigt werden.	der Südschleswigsche Wählerverband (SSW), der die dänische Minderheit vertritt

Wer sich einer Partei anschließen möchte, sollte sich nicht nur an ihrem Programm orientieren. Auch der Typus einer Partei sagt etwas über ihre Attraktivität aus. Einige treten lieber in eine Interessenpartei ein, weil bestimmte Themen im Vordergrund stehen. Andere entscheiden sich eher für eine Volkspartei, weil nicht alle Mitglieder dieselben Interessen vertreten und viel diskutiert wird.

Im Einzelnen können die Parteien zwar sehr verschieden sein, ihr **Aufbau** ist jedoch sehr ähnlich. Die Willensbildung innerhalb einer Partei findet auf verschiedenen Ebenen statt, die dem Aufbau unseres Gemeinwesens entsprechen. Ganz unten sind die *Ortsvereine* der Parteien angesiedelt. Ihr Einzugsgebiet entspricht einem Dorf oder einem Stadtteil. Darüber stehen die *Kreisverbände*, in denen die Mitglieder einer Stadt oder eines Kreises organisiert sind. Die nächste Stufe bilden die *Unterbezirke*, die in den meisten Fällen dem Gebiet eines Bundestagswahlkreises entsprechen. Ihm folgen die *Bezirke*, die *Landesverbände* und schließlich die *Bundespartei*. Wer eine politische Laufbahn anstrebt, muss sich oft auf der Karriereleiter von Stufe zu Stufe hocharbeiten:

Damit die Parteien ihre Aufgaben erfüllen können, sind sie auf entsprechende Einnahmen angewiesen. Über die **Finanzierung** der Parteien wird schon lange diskutiert. Immer wieder wurde das Bundesverfassungsgericht dazu befragt. Das derzeit praktizierte System der Parteienfinanzierung scheint rechtlich einwandfrei zu sein und wird inzwischen auch von der Bevölkerung akzeptiert. Es gibt fünf Quellen, aus denen die Parteien ihre finanziellen Mittel beziehen:

- Die Parteien erheben **Mitgliederbeiträge** und bestreiten damit einen Teil ihrer Verpflichtungen.

- Die Abgeordneten unterstützen die politische Arbeit ihrer Parteien durch **Mandatsträgerabgaben**. Dafür zweigen sie einen Teil ihrer Diäten ab.

- Die Parteizentralen erhalten **Spenden** von einzelnen Bürgern, Verbänden oder Unternehmen, die vor allem in Wahlkampfzeiten sehr großzügig ausfallen können.

- Der Staat fördert die Parteien durch **öffentliche Gelder**. Im Rahmen der *Wahlkampfkostenerstattung* erhalten sie für jeden Wähler einen bestimmten Betrag. Außerdem legt der Staat auf jeden Euro, der durch Mitgliederbeiträge oder Spenden eingenommen wurde, noch einmal 38 Cent dazu.

⊗ Im Kassenbericht der Schatzmeister tauchen **sonstige Einnahmen** auf. Betreiben Parteien zum Beispiel eigene Unternehmen, fließen deren Gewinne auf ihre Konten.

Alle Parteien sind verpflichtet, ihre Finanzen offenzulegen. Das gilt auch für Spenden ab einer gewissen Größenordnung. Deutschland unterscheidet sich von anderen Ländern, weil der Umfang der Mitgliederbeiträge deutlich höher ausfällt als das gesamte Spendenaufkommen. Dazu reicht ein Blick in die Kassenbücher der SPD (Quelle: BPB):

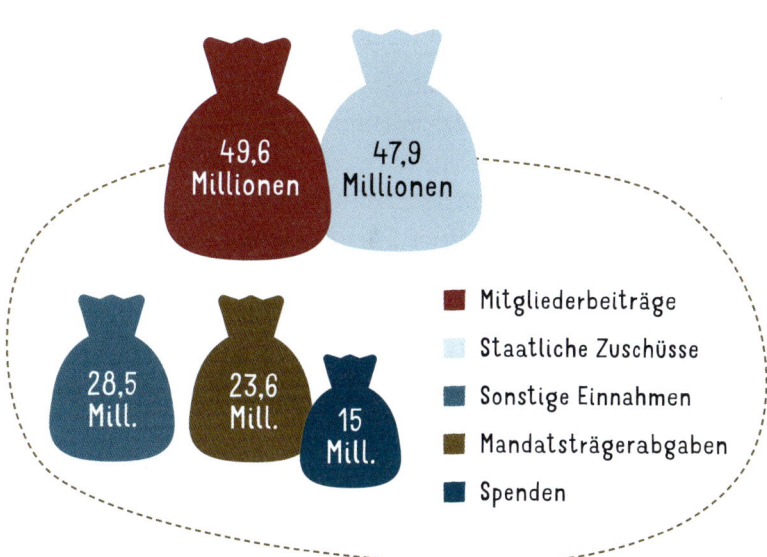

Die Meinungsfreiheit und die Freiheit, sich politisch zu betätigen, darf jedoch nicht von den Feinden der Demokratie ausgenutzt werden. Deshalb versteht sich die politische Ordnung unseres Landes auch als *wehrhafte Demokratie*. Parteien, die die demokratische Ordnung beseitigen wollen und die Werte des Grundgesetzes ablehnen, können vom Bundesverfassungsgericht verboten werden.

> ☞ *Damit zieht das Grundgesetz seine Lehren aus den Erfahrungen der Weimarer Republik: Damals konnte eine offen demokratiefeindliche Partei wie die NSDAP nach Belieben handeln. Sie griff demokratische Institutionen an und verhöhnte demokratische Werte – und kaum jemand hat eingegriffen. Deshalb ist im Grundgesetz festgeschrieben, dass undemokratischen Kräften die Zulassung entzogen werden kann.*

Das Verbot einer politischen Partei ist eine heikle Angelegenheit. Es darf kein Verdacht aufkommen, dass die anderen Parteien nur eine lästige Konkurrenz loswerden wollen. Deshalb sind für ein Verbotsverfahren zahlreiche Hürden vorgesehen. Der Antrag auf Verbot einer Partei kann nur vom Bundestag, vom Bundesrat oder von der Bundesregierung gestellt werden.

In der Geschichte der Bundesrepublik wurde erst zweimal eine Partei durch das Bundesverfassungsgericht verboten:

- ⊗ 1952 wurde die **Sozialistische Reichspartei (SRP)** verboten. In der Partei hatten sich unverbesserliche Nazis zusammengefunden, die demokratische Prinzipien aktiv bekämpften.

- ⊗ 1954 traf es die **Kommunistische Partei Deutschlands (KPD)**. Die Mitglieder wollten die parlamentarische Demokratie durch die Diktatur einer Partei ersetzen und orientierten sich dabei am Modell der jungen DDR. *Das Verbot der KPD* hat sicherlich zum Teil mit der Stimmungslage des Kalten Kriegs zu tun.

Aber auch innerhalb der beiden Parteien ging es sehr undemokratisch zu. Die führenden Politiker wurden nicht von den Mitgliedern kontrolliert, sondern eher umgekehrt. Von innerparteilicher Demokratie konnte keine Rede sein.

> **?!**
>
> **Das Verbot der KPD** passte in eine Zeit, in der sich der Westen und der Ostblock spinnefeind waren und die man auch als Kalter Krieg bezeichnet.

☞ *Die rechtsextreme NPD wurde dagegen nicht verboten. Ein erster Verbotsantrag aus dem Jahr 2001 scheiterte, weil sich in der Partei viele V-Leute des Verfassungsschutzes tummelten. Die Bundesbehörde war aktiv an den undemokratischen Machenschaften der Partei beteiligt. Deshalb endete der gemeinsame Verbotsantrag von Bundestag, Bundesrat und Bundesregierung mit einer krachenden Niederlage. Ein weiterer Versuch, die NPD zu verbieten, scheiterte 2017. Die Verfassungsrichter waren zwar der Meinung, dass es sich bei der NPD um eine verfassungswidrige Partei handelt, die organisatorisch aber viel zu schwach sei, um unsere demokratische Grundordnung ernsthaft zu bedrohen. Die Bedeutungslosigkeit schützte die NPD vor einem Verbot durch das höchste deutsche Gericht.*

> **?!**
>
> Unter **V-Leuten** versteht man angeworbene Personen, die aus den zu beobachtenden Milieus Informationen weitergeben und Aufträge entgegennehmen.

FUNFACTS #4

ZZZzᶻ

13

Falls je ein Politiker während einer Bundestagssitzung eingeschlafen ist, so tat er oder sie dies unbeobachtet. (Vielleicht in der längsten Sitzung 1949?)

14

Tablets und Smartphones sind nach Geschäftsordnung für die Arbeit auch im Plenarsaal zugelassen. #heimlich #clashroyale #zocken

15 Im Plenarsaal und auf der Tribüne darf weder gegessen noch getrunken werden. Da kann man den einen oder anderen Ausraster doch mal durchgehen lassen. #hangry

16 Bundestagssitzungen sind keine Aufführungen in der Staatsoper, deswegen gibt es auch keine Raucherpausen. (Wer dennoch nicht darauf verzichten kann, geht in die Lobby oder an die frische Luft)

17 Bisher gibt es keine Beweise, dass Politiker heimlich Selfies während einer Sitzung machen. #sneakyselfie

Die Programme der Parteien

Bei der Bundestagswahl 2017 wird es nicht nur um die Politiker, sondern auch um die Inhalte gehen. Die Wähler sollten abschätzen können, welche Persönlichkeit ihnen besonders vertrauenswürdig erscheint. Sie sollten aber auch die Programme kennen, mit denen sich die Parteien zur Wahl stellen – denn die Programme von heute sind die Politik von morgen. Es gibt Parteiprogramme und Wahlprogramme:

⊗ In den **Parteiprogrammen** sind die Grundsätze festgelegt, die das Handeln der Parteien bestimmen. Sie gehen weit über das politische Tagesgeschäft hinaus und enthalten so etwas wie die politische Philosophie einer Partei. Sie sind entsprechend allgemein gehalten – oft so allgemein, dass dem ungeübten Leser keine Unterschiede zwischen den einzelnen Parteien auffallen.

☞ *Im Parteiprogramm der CDU heißt es: »Die Ehe ist unser Leitbild der Gemeinschaft von Mann und Frau.« Damit keine Missverständnisse aufkommen, stellt das Programm wenig später klar: »Staat und Gesellschaft dürfen aber den Menschen nicht vorschreiben, wie sie zu leben haben.« Damit bekennt sich die CDU zu einer Vielfalt der Lebensformen.*

⊗ Die **Wahlprogramme** werden wenige Monate vor der Bundestagwahl verabschiedet und enthalten eine Aufstellung der Vorhaben, die die Parteien in den einzelnen Handlungsfeldern der Politik umsetzen wollen. Die Parteien setzen dabei gern auf populäre Forderungen, während andere Themen lieber ausgeblendet werden.

👉 Im Wahlprogramm von Bündnis 90/Die Grünen geht es um *Lebensformen, die von der traditionellen Ehe abweichen.* Gleichgeschlechtlichen Paaren wird versprochen, dass sie künftig eine Ehe schließen dürfen und damit den Heterosexuellen gleichgestellt werden. Außerdem sollen sie nach dem Willen der Grünen auch Kinder adoptieren dürfen. Das sind sehr konkrete Vorhaben, die nicht oft so deutlich in einem Parteiprogramm formuliert werden.

Der folgende Vergleich zeigt, wie die Parteien grundsätzlich aufgestellt sind und welche Leitsätze ihr Handeln bestimmen. Es gibt einige Unterschiede, aber auch Gemeinsamkeiten:

CHRISTLICH DEMOKRATISCHE UNION (CDU)/ CHRISTLICH-SOZIALE UNION (CSU)

Die CSU kandidiert nur in Bayern, in allen anderen Ländern tritt die CDU an. Die Unionsparteien vertreten das Konzept der *sozialen Marktwirtschaft*. Der Staat überlässt das Wirtschaftsleben weitgehend sich selbst, weil er sich auf das verantwortungsbewusste Handeln der Unternehmer und auf die vernünftigen Entscheidungen der Verbraucher verlassen kann. Dafür kümmert sich der Staat um alle, die bei diesem freien Spiel der Kräfte auf der Strecke bleiben – Arme, Alte, Kranke und Behinderte.

In Sachen innere Sicherheit treten CDU/CSU für einen starken Staat ein – auch wenn das zu Lasten individueller Freiheiten geht.

SOZIALDEMOKRATISCHE PARTEI DEUTSCHLANDS (SPD)

Die SPD ist für einen vorsorgenden Sozialstaat. Das heißt, der Staat wird nicht erst aktiv, wenn Einzelne in Not geraten sind. Er tut alles, damit es gar nicht erst so weit kommt. Die SPD versteht sich als eine Partei der sozialen Gerechtigkeit. Jeder Tellerwäscher soll die Chance haben, es bis zum Millionär zu bringen. Die Chancengleichheit ist für die SPD ein ganz großes Thema. Die Partei setzt sich für Korrekturen beim Arbeitslosengeld II ein – besser bekannt als Hartz IV. – und möchte den Bezug des Arbeitslosengeldes verlängern.

DIE LINKE

Ziel der Linken ist eine Gesellschaft, in der jeder über ausreichende finanzielle Mittel verfügt, um ein gutes Leben führen zu können. Deshalb ist die Linke für eine Rücknahme der Agenda 2010 und für eine deutliche Anhebung des gesetzlichen Mindestlohns. Für einen besseren sozialen Ausgleich will die Partei außerdem eine Millionärssteuer einführen. Im Rahmen der Sicherheitspolitik lehnt die Linke Auslandseinsätze der Bundeswehr ab und setzt sich in der Terrorabwehr gegen alle Maßnahmen ein, durch die Bürgerrechte eingeschränkt werden.

BÜNDNIS 90/ DIE GRÜNEN

Für die Grünen ist der Schutz der natürlichen Umwelt genauso wichtig wie eine stabile Wirtschaft oder eine sozial gerechte Gesellschaft. Der Klimaschutz und die Energiewende stehen bei ihnen ganz oben im Parteiprogramm. Die Grünen sehen sich als Menschenrechtspartei und sind deshalb für mehr Zurückhaltung in der Sicherheitspolitik. Ihre Wirtschaftspolitik orientiert sich an genossenschaftlichen Modellen, wie man sie aus der Landwirtschaft oder aus dem Wohnungsbau kennt.

FREIE DEMOKRATISCHE PARTEI (FDP)

Die FDP folgt der Tradition des politischen *Liberalismus*. Der Staat soll sich aus möglichst vielen Angelegenheiten heraushalten. Sie strebt einen umfassenden Abbau der Bürokratie und massive Steuersenkungen an. In der Sozialpolitik möchte sie durchsetzen, dass sich die Bürger selbst gegen Risiken absichern. Im Konfliktfall hat der Schutz der Privatsphäre Vorrang vor den Belangen der inneren Sicherheit.

ALTERNATIVE FÜR DEUTSCHLAND (AFD)

Die AfD ist eine Protestpartei. Sie wird von Bürgern gewählt, die mit den anderen Parteien unzufrieden sind und ihnen einen Denkzettel verpassen wollen. Die AfD versteht sich als Stimme des Volkes und wirft den anderen Parteien vor, die Bürger nicht ernst zu nehmen. Sie will die Zuwanderung massiv begrenzen und die Freiheit der Religionsausübung für Muslime einschränken. Von rechtsextremen Kräften grenzt sie sich nur zögerlich ab.

Bei der Bundestagswahl 2013 traten 34 Parteien mit eigenen Listen oder Kandidaten an. Viele dieser Parteien wissen, dass sie keine Chance haben, die Fünfprozenthürde zu nehmen und in den Deutschen Bundestag einzuziehen. Sie wollen aber die Aufmerksamkeit der Wähler nutzen, um für ihre politischen Anliegen zu werben. Dazu werden ihnen von den Hörfunk- und Fernsehanbietern kostenlose Sendezeiten zur Verfügung gestellt. Außerdem erhalten Sie einen Teil ihrer Wahlkampfkosten erstattet, wenn wenigstens 0,5 % der Wähler für sie stimmen. Bei den Wahlen zum Europäischen Parlament gibt es keine Fünfprozentklausel. Deshalb sind auch die folgenden Parteien mit wenigstens einem Abgeordneten im Europäischen Parlament vertreten:

- Die **Piratenpartei** interessiert sich vor allem für Fragen der Netzpolitik und den Schutz der Bürgerrechte.

- Die **Freien Wähler** fühlen sich an keine Ideologie gebunden, sondern entscheiden von Fall zu Fall.

- Die **Ökologisch Demokratische Partei (ÖDP)** ist die politische Heimat konservativer Umweltschützer.

- Der rechtsextremistischen **NPD** hat das oberste deutsche Gericht eine verfassungswidrige Haltung bescheinigt.

- Die **Familien-Partei Deutschlands** setzt sich z.B. für die Einführung eines Familienwahlrechts ein.

- Die **Tierschutzpartei** möchte sich nicht auf die Sorge um bedrohte Tiere reduzieren lassen.

⊗ **»Die Partei«** nimmt sich selbst nicht ernst – und erwartet das auch nicht von ihren Wählern.

Viele Wähler fühlen sich von dem Überangebot auf dem Wahlzettel überfordert. Sie können nicht die Programme aller Parteien studieren und vergleichen, um dann ein persönliches Urteil zu fällen. Aber den Wählern wird geholfen. Auch zur Bundestagswahl 2017 hat die Bundeszentrale für politische Bildung im Internet einen *Wahl-O-Mat* eingerichtet. Die Nutzer finden dort die unterschiedlichen Positionen der Parteien zu einzelnen Politikfeldern. Wer am Wahl-O-Mat teilnimmt, entscheidet sich für die Aussagen, die ihm am besten gefallen. Dann wird errechnet, mit welcher Partei es die meisten Übereinstimmungen gibt und wem man deshalb seine Stimme geben sollte. Auch wer sich seiner Entscheidung schon sicher ist, sollte hier mitmachen, denn der Wahl-O-Mat ist immer für eine Überraschung gut. (→ www.wahl-o-mat.de)

Wie stehen die Parteien zum Klimaschutz?

Gerade für junge Leute ist die Zukunft des Weltklimas ein ganz wichtiges Thema. Wenn sich das Klima immer weiter erwärmt und es deshalb zu Naturkatastrophen und gesundheitlichen Beeinträchtigungen kommt, trifft sie das besonders. Deshalb interessieren sich die jungen Wähler besonders für die Aussagen der Parteien zum Klimaschutz. Die Parteiprogramme geben dazu nicht viel her. Dort stehen nur ganz allgemeine Bekenntnisse und einige unbestimmte Versprechen. Dafür kann man in den Wahlprogrammen nachlesen, was die Parteien konkret zur Rettung des Weltklimas vorhaben. In den Programmen zur

Bundestagswahl 2013 standen folgende umwelt- und energiepolitische Vorhaben:

CDU/CSU

- 20 % weniger Energie durch Gebäudesanierung
- endgültiger Ausstieg aus der Kernenergie bis 2022
- eine Million E-Fahrzeuge bis 2020
- den Anteil natürlicher Flächen, die bebaut und versiegelt werden, um 30 % senken.
- Einführung einer einheitlichen Wertstofftonne

SPD

- bis 2020: 40 bis 45 % des Stroms aus erneuerbaren Energien
- Schaffung eines eigenen Energieministeriums
- die Rückverwandlung bebauter Flächen in Naturland.
- 10 % des Waldes sich selbst überlassen

DIE LINKE

- Atomkraftwerke sofort abschalten
- bis 2040: alle Kohlekraftwerke abschalten
- Treibhausgase bis 2020 halbieren
- Flächenverbrauch auf 30 Hektar am Tag begrenzen
- Nahverkehr langfristig zum Nulltarif

BÜNDNIS 90/DIE GRÜNEN

- bis 2030 alle Kohlekraftwerke vom Netz nehmen
- bis 2030 nur noch Strom aus erneuerbaren Energien
- Ausstoß an Treibgasen bis 2020 um 40 % reduzieren
- generelles Tempolimit von 120 km/h
- eine Mobilitätskarte für alle Verkehrsmittel

FDP

- Mindestanteile an erneuerbaren Energie in allen europäischen Ländern verbindlich
- energieintensive Betriebe nicht zu Abgaben für erneuerbare Energien zwingen.
- energiesparendes Bauen durch Anreize

Was wurde davon umgesetzt? Sind Wahlversprechen nur Behauptungen, um Wähler zu gewinnen, oder echte Vorhaben?

Bei Wahlversprechen handelt es sich um echte Vorhaben der Parteien. Als potentielle Wähler solltet ihr euch aber genau anschauen, wie eine Partei dieses Wahlversprechen in ihrem Programm formuliert hat. Da finden sich oft schwammige Formulierungen, die nicht mal wie ein Versprechen klingen, sondern eher wie ein halbherziger Versuch.

Ein Wahlprogramm ist zwar kein Vertrag, auf den ihr die Partei später festnageln könnt – aber konkrete Ziele könnt ihr auf jeden Fall erwarten. Die Parteien formulieren aber lieber vage, damit es nach der Wahl keine Probleme mit dem Koalitionspartner gibt. Deshalb klingt das Wahlprogramm umso schwammiger, je weniger wichtig einer Partei dieses Thema ist.

In Deutschland gibt es nahezu immer eine Regierung, in der eine Partei mit einer oder mehreren anderen Parteien zusammen die Regierung stellt. Das klingt nicht nur nach Kompromiss, sondern ist auch einer: Deshalb gibt es einen Koalitionsvertrag, in dem genau geregelt ist, was die Parteien gemeinsam umsetzen wollen. Bevor dieser Vertrag aber überhaupt unterschrieben wird, gibt es kräftezehrende Verhandlungen, in denen jede Partei zu Kompromissen gezwungen wird. Die CDU will beispielsweise Steuererleichterungen für Unternehmen durchboxen, was für die SPD nicht in Frage kommt. Also willigt die CDU ein, mehr Geld für Bildung auszugeben, was eigentlich eine Forderung der SPD ist. Durch diesen Kompromiss ist die SPD dazu bereit, auch in die Forderung der CDU einzuwilligen.

Ist das perfekt? Nein. Aber es sorgt dafür, dass die Regierung überhaupt regierungsfähig ist. Ohne Kompromisse ist eine Koalition nicht möglich – und eines der Zeichen für eine gute Demokratie ist es, dass Parteien zu Kompromissen bereit sind.

Wenn Parteien ihre Wahlversprechen nicht einlösen, dann müssen die Bürger protestieren: Entweder als Mitglied dieser Partei oder in Nachrichten an den Abgeordneten. Macht euch Luft und sagt, dass ihr darüber enttäuscht seid! Als letztes Mittel könnt ihr diese Partei bei der nächsten Wahl abstrafen, indem ihr sie nicht noch mal wählt. Die FDP und Die Piraten haben am schmerzhaftesten feststellen müssen, dass die Wähler gebrochene Wahlversprechen übelnehmen.

Von den oben aufgeführten Wahlversprechen sind längst nicht alle eingelöst: Die SPD hat etwa Sigmar Gabriel zum Wirtschafts- und Energieminister gemacht und ein eigenes Energieministerium geschaffen. Das bedeutet aber gleichzeitig, dass das Umweltministerium bei Energiefragen nicht mehr mitredet – und das dürfte vielen Wählern nicht bewusst gewesen sein, dass die Energiewende darunter leiden könnte.

Die meisten Wahlversprechen sind auch bewusst so formuliert, dass sie erst in naher Zukunft eintreten können. Auf diese Weise können die Parteien einfach argumentieren, dass sie weiterhin in der Regierung bleiben müssen, weil das Ziel sonst gar nicht erreichbar ist. Ein cleverer Trick, den aber immer mehr Wähler durchschauen.

In den Wahlprogrammen werden einige Themen aber auch verschwiegen. Wenn sich eine Partei zu einem Thema nicht konkret äußert, will sie auf diesem Gebiet auch nichts unternehmen. Die CDU/CSU legen sich beispielsweise nicht auf einen bestimmten Anteil erneuerbarer Energien fest. Die SPD äußert sich nicht zur Zukunft der Kohlekraftwerke. Die Bürger sollten die Parteien aber nicht aus der Verantwortung entlassen. An den Info-Ständen kann jeder die Parteimitglieder darauf ansprechen oder die Kandidaten unter → www.abgeordnetenwatch.de fragen, wie sie zu ganz konkreten Projekten stehen. Denn Schweigen ist noch keine Antwort.

#DIE MEDIEN

Unsere Politiker sind nur ganz selten »live« zu erleben. Wenn wir uns ein Urteil bilden wollen, sind wir deshalb auf die Medien und deren Berichterstattung angewiesen. Aus den Medien erfahren wir, welche Probleme angepackt werden müssen – und wie die Politiker mit dieser Herausforderung umgehen. Doch damit können wir uns keinen unmittelbaren Eindruck verschaffen, denn die Medien berichten nicht nur über politische Vorgänge, sie greifen auch aktiv ein. Die Macht der Medien ergibt sich durch ihre massenhafte Verbreitung, so dass wir heute vor allem von **Massenmedien** sprechen. Für einige Beobachter politischer Vorgänge sind die Medien zu einer *Vierten Gewalt* geworden, die sich in unserem Gemeinwesen neben Exekutive, Legislative und Judikative fest etabliert hat.

Medienarten:

- **Printmedien** (Zeitungen, Zeitschriften, Flyer, Broschüren, Bücher)

- **audiovisuelle Medie** (Hörfunk, Fernsehen, Filme, DVDs, CDs)

- **digitale Medien** (Handy, Internet, Computerspiele, E-Books)

Zwischen den einzelnen Medien tobt ein erbitterter Kampf um Marktanteile. Die Tageszeitungen mussten in den letzten Jahren erhebliche Umsatzrückgänge verkraften. Die Medienkonkurrenz ist aber keine neue Erscheinung. Vor 50 Jahren sank die Zahl der Kinobesucher, weil die Leute lieber zu Hause blieben und sich vom Fernsehen unterhalten ließen. Viel wichtiger ist, wie sich das Verhältnis von Medien und Politik gestaltet.

Das Grundgesetz hat dazu eine wesentliche Weichenstellung vorgenommen. Artikel 5 des Grundgesetzes garantiert die Freiheit der Medien und ihren Schutz vor staatlichen Eingriffen. In unserer Verfassung steht ausdrücklich: »Eine Zensur findet nicht statt.« Allerdings hat auch die Freiheit der Medien bestimmte Grenzen. Veröffentlichungen dürfen zum Beispiel nicht gegen den Jugendschutz verstoßen. Außerdem muss das Recht der persönlichen Ehre respektiert werden.

> 👉 *Das bekam der Satiriker Jan Böhmermann zu spüren, der ein Schmähgedicht über den türkischen Staatspräsidenten Erdogan verfasst und über einen öffentlich-rechtlichen Sender verbreitet hatte. Erdogan fühlte sich in seiner persönlichen Ehre verletzt und zog vor Gericht. Die Richter gaben ihm teilweise recht und untersagten dem Satiriker, einzelne Passagen seines Schmähgedichts weiter zu verbreiten.*

In vielen Ländern der Welt wird die Pressefreiheit mit Füßen getreten. Kritische Journalisten werden inhaftiert, unerwünschte Zeitungen verboten und ganze Fernsehsender unter staatliche Kontrolle gestellt. Die Organisation *Reporter ohne Grenzen* deckt solche Verstöße gegen die Freiheit der Medien auf. Ihre Beobachtungen gehen in die *Rangliste der Pressefreiheit* ein. An den Platzierungen der einzelnen Länder kann man ablesen, wie frei die Journalisten arbeiten und wie unabhängig die Medien agieren können. Unter den 180 untersuchten Ländern kommt Deutschland noch relativ gut weg.

RANGLISTE DER PRESSEFREIHEIT

Land	Platzierung
Finnland	1
Deutschland	16
USA	41
Ungarn	67
Griechenland	91
Afghanistan	120
Russland	148
Türkei	151
China	176
Eritrea	180

In vielen Ländern der Erde können die Medien ihre eigentlichen Aufgaben schon lange nicht mehr erfüllen. Dabei ist der freie Journalismus eine unverzichtbare Voraussetzung für das Funktionieren unserer Demokratie.

Aufgaben der Medien

☒ Sie verfolgen das politische Geschehen und geben ihre Beobachtungen an die Leser und Zuschauer weiter.

- ⊗ Sie decken Informationen auf, die zurückgehalten werden, und übernehmen damit eine Kontrollfunktion gegenüber der Regierung.

- ⊗ Sie beziehen eine Position und tragen mit ihren Kommentaren und Bewertungen zur Meinungsbildung bei.

- ⊗ Sie organisieren den Dialog zu politischen Fragen und lassen auch kontroverse Stimmen zu Wort kommen.

- ⊗ Sie geben den Bürgern Gelegenheit, sich zu politischen Fragen zu äußern und in die politische Debatte einzubringen.

Umstritten ist, ob sich die Medien aktiv in die Politik einmischen sollten. Schließlich könnten sie ihre Leser mobilisieren und dadurch Einfluss auf politische Entscheidungen nehmen. Das ist zum Beispiel der Fall, wenn einzelne Medien ganze *Kampagnen* organisieren – und damit die Politiker unter Druck setzen.

> 👉 *Kurz vor der Entscheidung über ein weiteres Hilfspaket für Griechenland titelte die BILD-Zeitung: »NEIN – keine weiteren Milliarden für die gierigen Griechen!« Gleichzeitig forderten die Zeitungsmacher die Leser auf, sich zusammen mit dieser Überschrift zu fotografieren und die Selfies an die Redaktion der BILD-Zeitung zu schicken. Der Deutsche Journalistenverband, aber auch viele aufgebrachte Bürger sahen in dieser Aktion einen Missbrauch der Pressefreiheit, weil die Leser gegen ein ganzes Volk aufgehetzt würden.*

Das Verhältnis zwischen Medien und Politik ist kompliziert. Auch die Politiker versuchen, die Medien in ihrem Sinne zu nutzen. Sie stimmen ihr Handeln zunehmend auf die Bedürfnisse der Medien ab, die natürlich an schlagkräftigen Überschriften oder berührenden Bildern interessiert sind. Einige Politiker stehen ganz früh auf, um sich im »Morgenmagazin« von ARD und ZDF interviewen zu lassen. Sie starten spektakuläre und witzige Aktionen, die sich im Fernsehen gut darstellen lassen. Oder sie laden Klatschjournalisten und Fotoreporter zu sich nach Hause ein, um mit einer sympathischen »*Home Story*« für sich zu werben. Durch die Anpassung der Politik an die Erwartungen der Medien ist unsere Demokratie auch zu einer Mediendemokratie geworden. Politik wird nicht nur gemacht – sie wird regelrecht inszeniert.

Was ist daran problematisch? Gibt es auch Vorteile?

Problematisch ist eine sogenannte Mediendemokratie immer dann, wenn die Inszenierung die Inhalte überdeckt. Wer am lautesten schreit, der hat nicht automatisch recht. Angela Merkel wird beispielsweise immer wieder für ihre Frisur belächelt – dabei ist es doch völlig egal, welche Frisur ein Politiker hat oder ob Sigmar Gabriel zu viel wiegt oder nicht. Diese Diskussionen lenken von der Politik ab und sorgen dafür, dass die Arbeit von engagierten Politikern verpufft, weil sie eben nicht im Rampenlicht stehen. Die Aufgabe von Politikern ist es nicht, charmanter als George Clooney zu sein, sondern Politik zu machen. So banal das auch klingt, so oft muss man es wiederholen, weil das Image von Politikern wichtiger zu sein scheint als die Inhalte, für die sie stehen. **Denkt deshalb immer daran, dass ihr keine Menschen, sondern Ideen und Visionen wählt, die im Wahlprogramm stehen.**

> Ein Vorteil der Mediendemokratie ist, dass Politik dadurch eine menschliche Seite erhält – positive Berichterstattung wie aktuell bei Martin Schulz ist aber eher die Ausnahme, weil Skandale besser klicken und schlussendlich die Quote diktiert, welches Verhältnis die Medien zu einem Politiker haben.

Noch komplizierter wird das Verhältnis von Medien und Politik, wenn es um Rundfunk und Fernsehen geht. Öffentlich-rechtliche Sender sind vom guten Willen der Politiker abhängig, denn einige sitzen zusammen mit den Vertretern gesellschaftlicher Gruppen in den Aufsichtsgremien der Sender. Die Politiker können über die Zusammensetzung der Redaktionen oder über die Ausrichtung des Programms mitentscheiden. Außerdem beschließen die Landtage die Höhe der Rundfunkgebühren, auf die die Sender angewiesen sind. In der ARD oder im ZDF überlegen die Redakteure deshalb sehr genau, wie viel Kritik sie den Politikern zumuten wollen. Ab und zu legen sich Politiker sogar mit einzelnen Journalisten an.

☞ Als die Vertragsverlängerung des ZDF-Chefredakteurs Nikolaus Brender anstand, nutzten das einige Politiker von CDU und CSU zu einem Akt der Rache. Sie waren mit der Berichterstattung schon lange nicht mehr zufrieden und stimmten deshalb im Verwaltungsrat des ZDF gegen eine Vertragsverlängerung. Weil die notwendigen Stimmen für seine Wiederwahl nicht zusammenkamen, musste Brender seinen Hut nehmen und den Sender verlassen. Damit hatten die Politiker den Journalisten eindrucksvoll demonstriert, dass sie am längeren Hebel saßen. Der Pressefreiheit in Deutschland haben sie damit aber keinen Gefallen getan.

Warum nicht?

Der offizielle Grund für die Entlassung von ZDF-Chefredakteur Nikolaus Brender: Die schwachen Einschaltquoten der Nachrichtensendungen im ZDF.

Aber hinter den Kulissen hatte schon seit längerer Zeit ein erbitterter Machtkampf getobt, den die CDU für sich entschieden hat: Im Verwaltungsrat des ZDF sitzen insgesamt vierzehn Personen – neun davon stehen der CDU nahe, fünf davon der SPD. Die Abstimmung über die Zukunft von Brender endete mit 7:7, was nicht zum Sieg reichte. Er hätte eine Mehrheit von neun Stimmen gebraucht. Bereits 2002 hatte die CSU nach einer Wahlniederlage gefordert, dass Brenders Vertrag nicht verlängert werden darf.

Die SPD hat direkt nach dieser Entscheidung deutliche Kritik geübt: Es sei »kein stichhaltiges Argument vorgetragen worden«. Deshalb wurde das ZDF in »eine schwierige Lage« gebracht.

35 Staatsrechtler schlossen sich dieser Kritik an und nannten die Entscheidung »rechtswidrig«. Aus ihrer Sicht hatte der Verwaltungsrat dem ZDF-Intendanten einfach seine Kompetenzen weggenommen. Für zahlreiche Journalisten und Rechtsexperten eine Verletzung der Pressefreiheit, denn durch die Entscheidung wurde ein Journalist seines Amtes enthoben, der sich immer jeglichen parteipolitischen Einflüssen verwehrt hatte. Damit hatte er sich mächtige Feinde gemacht, die ihn schließlich abgesägt haben.

FUNFACTS #5

18

Niemand wollte uns verraten, wie viele Rollen Toilettenpapier im Bundestag verbraucht werden. Bei mehr als 1 Millionen Besucher pro Jahr müssten es unzählige Berge an Toilettenpapier sein!
#thestruggle1sreal

19

54,8% der Mitglieder des Bundestages sind verheiratet und haben Kinder. Davon 61,3 % Männer und 43,5 % Frauen.
(Stand: 12.03.2017)

Wie berichten die Medien über den Klimawandel?

Das Weltklima ist durch den Einfluss des Menschen akut gefährdet. Darüber sind sich alle seriösen Wissenschaftler einig. Da der Durchschnittsbürger aber keine Gutachten oder Forschungsberichte liest, ist er auf die Berichte der Medien über die dramatische Entwicklung des Weltklimas angewiesen. Ohne die Vermittlungsarbeit des Fernsehens oder der Zeitungen wäre der Klimawandel kein Thema für die breite Öffentlichkeit. Allerdings berichten die Medien lieber über tagesaktuelle Ereignisse. Für Entwicklungen, die sich über viele Jahrzehnte und Jahrhunderte hinziehen, scheinen sie sich weniger zu interessieren. Deshalb suchen die Medien oft nach aktuellen Anlässen, um die Gefahren des Klimawandels zum Thema zu machen – wenn beispielsweise wieder eine Weltklimakonferenz der Vereinten Nationen stattfindet oder Experten den aktuellen Klimabericht vorstellen. Dann schafft es auch der Klimawandel auf die Titelseite der Tageszeitungen oder in die »Tagesschau«.

Medien, denen eine sachliche und korrekte Berichterstattung über den Klimawandel wichtig ist, orientieren sich am aktuellen Forschungsstand. Sie befragen Forschungsinstitute, lassen sich von nationalen oder internationalen Behörden informieren und besuchen wissenschaftliche Kongresse. **Qualitätsmedien** können den Klimawandel anhand exakter Zahlen und Statistiken belegen. Es gibt zum Beispiel viele Daten zur zunehmenden Erderwärmung oder zum allmählichen Abschmelzen der Polkappen. Gleichzeitig stellen diese Medien klar, dass der Klimawandel vom Menschen verursacht ist.

Andere Medien dramatisieren den Klimawandel und sprechen damit die Urängste ihrer Leser und Zuschauer an. Sie leben von der Vereinfachung umfassender und komplexer Informationen. Die BILD-Zeitung titelte am 3. Februar 2007: »Unser Planet stirbt.« Drei Wochen später legte Deutschlands auflagenstärkste Tageszeitung nach: »Wir haben noch 13 Jahre Zeit, um die Welt zu retten.« Solche Überschriften sind typisch für sogenannte **Verkaufszeitungen**, die keine festen Abonnenten haben. Sie müssen die Leser am Kiosk gewinnen und sich dort von der Konkurrenz abheben. Neben einer dramatischen Zuspitzung setzen diese Zeitungen auf die *Emotionalisierung* von Informationen. Um die Gefühle der Leser anzusprechen, zeigen sie einen einsamen Eisbären, dessen Lebensraum durch die Erwärmung des Weltklimas immer kleiner wird. Mit diesen Bildern erreichen sie mehr als mit endlosen Zahlenreihen oder irgendwelchen Kurvendiagrammen.

Außerdem sind zahlreiche selbsternannte Wissenschaftler in der Medienwelt unterwegs. Sie sehen sich als *Klimaskeptiker* und halten das Weltklima überhaupt nicht für bedroht. Sie verbreiten ihre Theorien im **Internet**, auf eigenen Seiten oder in entsprechenden Foren. Klimaskeptiker wollen sogar nachgewiesen haben, dass es Erderwärmungen schon immer gegeben hat, ohne dass es dadurch zu dauerhaften Schäden gekommen wäre. Sie bestreiten, dass der Ausstoß von Kohlendioxid Einfluss auf die Entwicklung des Weltklimas habe. Ihnen ist es wichtig, den Menschen von jeder Schuld am Klimawandel freizusprechen. Die Klimaskeptiker nutzen also das Internet zur gezielten Verbreitung von Unwahrheiten. Sie können *Fake News* in die Welt setzen, die von niemandem überprüft, aber von vielen kritiklos übernommen werden.

7. WAS WIR TUN KÖNNEN, UM ETWAS ZU VERÄNDERN

#DIE ZIVILGESELLSCHAFT

Die Politik sollte nicht allein den Politikern überlassen bleiben. Auch wer kein Amt oder Mandat hat, kann sich in das politische Leben einmischen und sich an öffentlichen Entscheidungen beteiligen. **Immer mehr Menschen nehmen dieses Angebot wahr und engagieren sich für die Allgemeinheit.** Sie haben keine Lust, nur alle vier Jahre ihre Stimme abzugeben und die Politik ansonsten den gewählten Repräsentanten zu überlassen. In Organisationen, Verbänden, Initiativen und Projekten setzen sie sich für bestimmte Anliegen ein. Dadurch geraten sie immer wieder in Konflikt mit den hauptamtlichen Politikern.

Trotz oder gerade wegen der Politikverdrossenheit?

Großes beginnt im Kleinen: Immer mehr Bürger erkennen, dass sie mit persönlichem Engagement weit mehr bewegen können, als wenn sie »nur« zur Wahl gehen. Neben unerfreulichen Begleiterscheinungen wie den PEGIDA-Demonstrationen entsteht aus dieser Bewegung auch viel Positives: Menschen helfen in Flüchtlingsheimen, nehmen an Podiumsdiskussionen mit Politikern teil oder diskutieren mit Freunden, die andere politische Ansichten

> haben. Ja, auch das zählt zum Engagement für die Allgemeinheit und ist sogar sehr wichtig: Immer wieder das Gespräch mit politischen Gegnern suchen und gemeinsam diskutieren, warum man anderer Ansicht ist. Denn je besser man die politischen Argumente und Ansichten seiner Mitmenschen versteht, desto besser kann man sich politisch engagieren.
>
> Die Politikverdrossenheit ist ein großes Problem, aber birgt auch Chancen. Freiwilliges und ehrenamtliches Engagement sorgt dafür, dass immer mehr Bürger einen ebenso einfachen wie effektiven Leitsatz befolgen: Global denken, lokal handeln.

Der Begriff der Zivilgesellschaft umfasst alle Aktivitäten des freiwilligen Engagements, die in irgendeiner Weise politisch wirksam sind. In diesem Zusammenhang kann man auch vom Konzept einer *Bürgergesellschaft* sprechen. Es gibt viele Möglichkeiten, etwas für das Gemeinwesen zu tun:

- sich in einer *Kirche* oder *Religionsgemeinschaft* betätigen,

- sich einer *Gewerkschaft* oder einem *Berufsverband* anschließen,

- in einem *Sozialverband* oder einer *karitativen Organisation* mitarbeiten,

- sich in die Arbeit eines *Verbands* oder eines *Vereins* einbringen,

- sich in einen *Beirat* oder ein *Sprechergremium* wählen lassen,

- ⊗ eine *Bürgerinitiative* oder ein *lokales Bündnis* unterstützen,

- ⊗ sich einer *Projekt- oder Aktionsgruppe* zur Verfügung stellen.

Wer Mitglied eines Fußballvereins wird oder sich einer Blaskapelle anschließt, macht noch keine Politik. Das ändert sich aber, wenn der Fußballverein junge Flüchtlinge zu einem Turnier einlädt oder die Blaskapelle den Bürgerprotest gegen ein Verkehrsprojekt unterstützt. Dann geht es nicht nur um Sport oder Musik – sondern auch um eine politische Aktion. Das freiwillige Engagement ist hierzulande sehr verbreitet. 14,36 Millionen Deutsche sind ehrenamtlich aktiv. Dieses Engagement fällt in den unterschiedlichen Bereichen allerdings sehr unterschiedlich aus, wie eine Umfrage aus dem Jahr 2016 ergeben hat:

IN WELCHEM BEREICH SIND SIE EHRENAMTLICH TÄTIG?	
Kinder, Jugendliche	25,0 %
Lokales	18,1 %
Kirche	15,5 %
Freizeit	15,0 %
Soziales	13,8 %
Senioren	13,7 %
Umwelt, Tierschutz	13,4 %
Kultur	6,6 %

Mehrfachnennungen möglich/Quelle: Statista

Viele Organisationen klagen aber auch darüber, dass das ehrenamtliche Engagement bröckelt und es ihnen immer schwerer fällt, den für die Vereins- oder Gemeindearbeit notwendigen Nachwuchs zu finden. Dafür könnte eine gesellschaftliche Entwicklung verantwortlich sein, die sich immer deutlicher abzeichnet: Die Menschen wollen selbst entscheiden, wie oft sie sich engagieren, wie lange dieses Engagement dauern soll und wie viel Aufwand sie dafür einbringen wollen. Niemand möchte sich Vorschriften machen lassen. Fachleute sprechen von einer *Individualisierung* der Lebensverhältnisse, die nicht zu den engen Vorgaben des Vereinslebens passt.

> *Die Begeisterung für Sport und Bewegung ist ungebrochen. Allerdings wollen sich viele nicht mehr vorschreiben lassen, an welchem Tag und zu welcher Uhrzeit sie sich im Vereinszentrum einfinden sollen, um Badminton zu spielen oder Volleyball zu trainieren. Wer sich nicht auf Termine festlegen möchte, wechselt lieber in ein Fitness-Studio. Dort kann jeder selbst entscheiden, wann und wie lange er trainieren möchte. Einige Studios sind sogar 24 Stunden am Tag geöffnet – was dem Wunsch nach einer individuellen Lebensführung entgegenkommt.*

Anders als die Lobbyisten, die lieber im Geheimen arbeiten, suchen die engagierten Akteure der Zivilgesellschaft die öffentliche Aufmerksamkeit. Sie wollen für ihre Anliegen werben und möglichst viele Mitstreiter gewinnen.

- Sie geben *Gutachten* und *wissenschaftliche Untersuchungen* in Auftrag, um auf bestimmte Missstände hinzuweisen.

⊗ Sie veranstalten öffentliche *Anhörungen* oder *Podiumsdiskussionen*, damit unterschiedliche Positionen ausgetauscht werden können.

⊗ Sie informieren die Öffentlichkeit in Form von *Broschüren, Flyern* und *Flugblättern* oder über das *Internet*.

⊗ Sie organisieren *Kundgebungen* und *Demonstrationen*, um ihren Forderungen Nachdruck zu verleihen.

⊗ Sie machen mit spektakulären oder witzigen *Aktionen* auf ihre Anliegen aufmerksam.

⊗ Sie initiieren *Unterschriftenaktionen* und *Petitionen*, um Druck auf die Politiker auszuüben.

⊗ Sie gehen *Bündnisse* mit anderen Gruppen oder Organisationen ein, um ihre politische Schlagkraft zu erhöhen.

⊗ Sie starten in Kommunen und einzelnen Bundesländern *Bürgerbegehren*, um bestimmte Projekte durchzusetzen – oder zu verhindern.

⊗ Sie bieten bestimmte *Dienstleistungen* an, mit denen staatliche Stellen überfordert wären.

⊗ Sie unterhalten bestimmte *Einrichtungen* und leisten so ihren Beitrag zu einem funktionierenden Gemeinwesen.

Mit dem Internet haben sich ganz neue Aktionsformen für die Zivilgesellschaft ergeben. Digitale Medien erreichen viel mehr Menschen – in viel kürzerer Zeit.

Eine Sonderrolle spielen die **Nichtregierungsorganisationen (NGO)**, die weltweit agieren und von den Vereinten Nationen mit einer Art Botschafterstatus ausgestattet wurden. Diese nichtstaatlichen Organisationen sind völlig eigenständig und haben sich schon mit zahlreichen Staaten angelegt. Dennoch übernehmen sie viele Aufgaben, die von verarmten und zerrütteten Nationen nicht erbracht werden können. Deshalb werden Mitglieder der Organisationen von der UNO auch zu internationalen Konferenzen eingeladen. Die Ländergemeinschaft hat ihre Erfahrung längst zu schätzen gelernt. Niemand möchte auf ihren Einsatz verzichten. Einige Nichtregierungsorganisationen sind inzwischen als *Global Player* anerkannt und werden international ernst genommen.

Beispiele für Nichtregierungsorganisationen (NGO):

NAME	THEMEN UND TÄTIGKEITEN
Ärzte ohne Grenzen	leistet medizinische Hilfe in besonders bedrohten Ländern
Amnesty International	unterstützt Menschen, die wegen ihrer politischen Haltung verfolgt werden
Attac	kämpft gegen die negativen Auswirkungen der Globalisierung
Foodwatch	tritt für eine gesunde Ernährung und gegen die Macht der Lebensmittelkonzerne ein
Greenpeace	macht die Weltöffentlichkeit auf die Bedrohung unserer Umwelt aufmerksam
Human Rights Watch	beobachtet die Situation der Menschenrechte nach internationalen Maßstäben

Internationales Rotes Kreuz	hilft Menschen, die weltweit von Konflikten und Katastrophen bedroht sind
Oxfam	engagiert sich für Menschen in den armen Ländern dieser Welt
Terres des hommes	hilft Kindern in aller Welt, die von Kriegen oder Katastrophen betroffen sind
Transparency International	setzt sich weltweit für eine Bekämpfung der Korruption ein

Warum ist der Klimawandel ein Thema für die Zivilgesellschaft?

Am 4. November 2016 trat ein Vertrag in Kraft, auf den sich im Rahmen der Pariser Klimakonferenz 195 Länder geeinigt hatten. Ziel des Vertrages ist es, den Umfang der Erderwärmung auf höchstens zwei Grad zu begrenzen, um eine globale Klimakatastrophe in letzter Minute abzuwenden. Um dieses Ziel zu erreichen, soll der Ausstoß von Treibhausgasen in der zweiten Hälfte dieses Jahrhunderts ganz aufhören. Das ist nur möglich, wenn keine fossilen Brennstoffe wie Kohle, Öl oder Gas mehr verwendet werden – was spätestens bis 2070 erreicht werde soll. Immerhin wurde der Vertrag von Paris auch von Ländern wie China oder den Vereinigten Staaten unterzeichnet, die weltweit als die größten Klimakiller gelten. Inzwischen hat Donald Trump, der neue Präsident der Vereinigten Staaten, allerdings angekündigt, dass die USA aus diesem Abkommen wieder aussteigen werden.

Dass dieses Abkommen überhaupt zustande gekommen ist, war für die Rettung des Weltklimas sicherlich ein Quantensprung. Allerdings enthält der Vertrag lediglich Selbstverpflichtungen: Die Unterzeichnerstaaten versprechen, die Vorgaben des Abkommens in praktische Politik umzusetzen. Falls sie die selbst gesteckten Ziele verfehlen, müssen sie mit keinerlei Sanktionen rechnen.

Möglichkeiten, das Klimaabkommen in praktische Politik umzusetzen:

- Bestehende Kohlekraftwerke werden möglichst bald vom Netz genommen.

- Fossile Energieträger werden zunehmend durch erneuerbare Energie ersetzt.

- Antriebssysteme der Autos werden auf Batteriebetrieb umgestellt.

- Das massenhafte Abholzen der Regenwälder wird umgehend beendet.

- In den Ländern der Dritten Welt werden umfangreiche Aufforstungsprogramme gestartet.

- Die Massentierhaltung wird zurückgefahren und schließlich ganz eingestellt (Methangase, Herstellung des Kraftfutters und Tiertransport belasten das Klima).

Auch in Deutschland sind die ehrgeizigen Vorgaben der Weltklimakonferenz ein Thema. Neben staatlichen Stellen engagieren sich zahlreiche Verbände und Initiativen für den Schutz des

Weltklimas. Sie sind vor allem vor Ort aktiv und machen auf das wichtige Thema aufmerksam, wenn von Anwohnern der Bau einer Windkraftanlage verhindert werden soll oder es darum geht, ein bestehendes Kohlekraftwerk stillzulegen.

Zivilgesellschaftliche Akteure gegen den Klimawandel:

- Umweltverbände wie der Bund für Umwelt und Naturschutz Deutschland (BUND)

- Freizeit- und Touristikorganisationen wie die Natur-Freunde Deutschlands

- Verbände mit einem klaren ökologischen Profil wie der Verkehrsclub Deutschland (VCD)

- entwicklungspolitische Akteure wie die Organisation Brot für die Welt

- Vertretungen kritischer Bauern wie die Arbeitsgemeinschaft Bäuerliche Landwirtschaft

- einschlägige Wirtschaftsverbände wie der Bundesverband Erneuerbare Energie e.V.

Das Verhältnis staatlicher Stellen zur Zivilgesellschaft ist nicht unproblematisch. Die Politiker verlassen sich oft darauf, dass zivilgesellschaftliche Organisationen aktiv werden und der Regierung damit unangenehme Aufgaben abnehmen. Das Bundesumweltministerium hat zwar einen Aktionsplan zur Umsetzung der Beschlüsse von Paris vorgelegt, dieser Plan wurde aber inzwischen vom Wirtschaftsministerium und vom Kanzleramt soweit verwässert, dass davon keine einschneidenden Veränderungen mehr ausgehen dürften. Der Bundesregierung fehlt offenbar der Mut zu einer konsequenten Umweltpolitik. Nun soll es die Zivilgesellschaft richten.

Bundesverfassungsgericht

- Richterin des Bundesverfassungsgerichts im Ersten Senat
- Professorin für Rechtswissenschaften und Gender Studies
- Lebt offen homosexuell und engagiert sich in der Frauenbewegung

SUSANNE BAER

LeFloid: Wie wird man eigentlich Verfassungsrichter?
Baer: Es wäre gut, die Frage zu erweitern: Wie wird man Verfassungsrichterin oder Verfassungsrichter? Viele haben ja dafür gekämpft, und es ist leider noch nicht selbstverständlich, dass da nicht nur Männer sitzen, sondern auch Frauen.

Im Grundgesetz wird vorgegeben: Die Hälfte der Verfassungsrichterinnen und -richter wird vom Bundestag, die andere Hälfte vom Bundesrat gewählt. Voraussetzungen sind eine abgeschlossene juristische Ausbildung und die Vollendung des 40. Lebensjahres. Dazu kommt: In jedem Senat müssen mindestens drei Leute arbeiten, die vorher an einem Bundesgericht tätig waren, also über sehr lange richterliche Erfahrung verfügen. Alle anderen können vorher auch etwas anderes gemacht haben, solange sie juristisch ausgebildet und über 40 sind – ein Kollege war z. B. fast zwei Jahrzehnte in der Politik.

Ich bin aber nicht Mitglied einer Partei. Die politischen Parteien suchen nur aus, wer Perspektiven einbringen kann, die ihnen wichtig sind. Welche Partei einen Vorschlag machen darf, richtet sich nach den längerfristigen Wahlerfolgen. In meinem Fall wurde ich von Renate Künast, einer Politikerin der Grünen, vorgeschlagen.

Der Vorschlag ist allerdings noch keine Wahl. Die findet dann im Deutschen Bundestag statt. Damit die Abgeordneten wiederum niemanden wählen, den oder die sie noch nie gesehen haben, wurde ich vorher von den Fraktionen zu einem Gespräch eingeladen. Die Abgeordneten waren ziemlich gut informiert, hatten also gelesen, was ich vorher veröffentlicht hatte, und wussten, wofür ich stand. Das Gespräch war dann auch spannend; mich hat das jedenfalls beeindruckt.

In den USA werden die Verfassungsrichter ja vom US-Präsidenten nominiert, der damit Einfluss auf die Rechtsprechung nehmen kann. Gibt es diese Gefahr auch in Deutschland?
Wenn es tatsächlich so wäre, dass eine Nominierung auch eine politische Einflussnahme ist, dann müsste ich ja immer so urteilen, wie sich die Grünen das wünschen – und das liegt mir fern. Es liegt auch den politischen Parteien in Deutschland fern, das zu erwarten. Die wissen ganz genau: Richterinnen und Richter sind nur dann gut in ihrem Job, wenn sie unabhängig urteilen. Und Unabhängigkeit bedeutet, sich nicht einer Partei, sondern der Verfassung verpflichtet zu fühlen und den Bürgerinnen und Bürgern. Darauf leisten wir auch den Amtseid. Als Richterin des Bundesverfassungsgerichts bin ich, wie das Grundgesetz sagt, »unabhängig und nur dem Gesetze unterworfen«.

»RICHTERINNEN UND RICHTER SIND NUR DANN GUT IN IHREM JOB, WENN SIE UNABHÄNGIG URTEILEN.«

Im Unterschied zu den USA dient das Verfahren in Deutschland auch dem Schutz des Gerichts. Wer hier Richterin oder Richter werden soll, benötigt zwei Drittel der Stimmen des Bundestages oder Bundesrates. Also müssen sich mehrere Parteien auf eine Person einigen. Gleichzeitig tun wir nicht so, als hätten wir nichts mit Politik zu tun. Die Idee hinter dem Vorschlagsrecht der Parteien ist ja, sehr unterschiedliche Perspektiven zusammenzubringen, um für alle akzeptable Kompromisse finden zu können. Deshalb sucht also nicht ein Präsident oder eine Kanzlerin allein aus, wer ein Leben lang extrem weitreichende Entscheidungen fällen darf. Auch die Begrenzung unserer Amtszeit auf zwölf Jahre sorgt dafür, dass sich da nichts verfestigt, dass niemand abhebt und zu lange zu viel Einfluss hat. Außerdem ist eine Wiederwahl ausgeschlossen. Und wir achten darauf, sind aber nicht davon abhängig, wie unsere Entscheidungen politisch bewertet werden.

Macht man als Verfassungsrichter mit den Urteilen nicht auch Politik, und verstößt das nicht gegen das Prinzip der Gewaltenteilung?
Das Verfassungsgericht hat natürlich eine unglaublich politische Aufgabe und Funktion. Es kontrolliert immerhin sogar die demokratisch gewählte Mehrheit, weil nur das Verfassungsgericht ein Gesetz für ungültig erklären darf. Entscheidend ist deshalb, an welchen Maßstäben wir uns dabei orientieren. Ohne das Grundgesetz geht nichts. Deshalb sind Urteile eben gerade anders als Politik.
Wir suchen uns auch nicht aus, was wir entscheiden. Ein Gericht kann nur urteilen, wenn es zulässig – also in einem vorher festgelegten Verfahren – »angerufen« wird. Die Politik agiert; Gerichte reagieren.
Und wir tun das nur begrenzt: Das Verfassungsgericht entscheidet immer nur über die Frage, ob etwas mit dem Grundgesetz vereinbar ist oder nicht. Die Politik kann mehr; sie gestaltet. Das Verfassungsgericht prüft nur, ob sich das in dem Rahmen hält, den die Verfassung vorgibt. Wir dürfen aber nicht sagen, was wir besser finden oder was besser funktionieren würde – das ist Sache der Politik.

»**DIE POLITIK AGIERT. GERICHTE REAGIEREN.**«

Hat das Bundesverfassungsgericht nicht sogar mehr Macht als der Bundestag, wenn es seine Gesetze kassieren kann?
Das würde ich nicht sagen. Der Bundestag ist das politische Zentrum. Das Verfassungsgericht ist nur dafür da, der Politik Grenzen zu setzen, wenn sie zu weit geht. Das ist ja auch eine Lehre aus der Geschichte: Die Nazis kannten keine Grenzen, und sie konnten sich sogar auf eine Mehrheit stützen. Deshalb gibt es in der Bundesrepublik Mechanismen, um notfalls auch eine Mehrheit zu stoppen: Das ist der

Verfassungsstaat mit der Gewaltenteilung. Deshalb können Verfassungsgerichte notfalls der parlamentarischen Mehrheit sagen: »Das geht zu weit!«

Wichtig ist auch da wieder: Der Bundestag gestaltet, er verfolgt politische Ziele und entscheidet, wie er diese Ziele erreichen will. Aber die Politik darf nicht alles. Nur weil es eine Mehrheit will, darf niemand unter die Räder kommen; es darf niemand ausgegrenzt werden. Und die verschiedenen Bundesländer und die Städte und Gemeinden müssen irgendwie zu ihrem Recht kommen. Das alles legt die Verfassung fest, als Spielregeln für die Politik. Und das Bundesverfassungsgericht ist da dann der »Schiri«.

»DIE POLITIK DARF NICHT ALLES.«

Was zählt denn mehr, das Grundgesetz oder europäische Gesetz?

Das ist eine ziemlich komplizierte Frage: Was ist denn Europa? Viele denken nur an die EU. Aber es gibt den Europarat, 47 Staaten – auch Russland –, und der hat die Europäische Menschenrechtskonvention mit einem eigenen Gerichtshof in Straßburg. Da können sogar Urteile des Bundesverfassungsgerichts überprüft werden, und da müssen wir dann hin und her diskutieren, was in diesem ganz großen Europa gelten soll und was in Deutschland. Das Ziel sind Menschenrechte als Minimum für alle.

Die meisten Regeln kommen aber aus der EU, als Zusammenschluss aus allen Mitgliedsstaaten. Da gibt es auch ein eigenes Gericht, in Luxemburg. Aber die EU-Regeln funktionieren nur, wenn sie auch zu den einzelnen Ländern passen. Die Umsetzung macht der Bundestag in Gesetzen. Und die können dann wieder vom Bundesverfassungsgericht überprüft werden, wenn Leute meinen, dass sie gegen das Grundgesetz verstoßen. Da müssen wir natürlich wieder das Grundgesetz anwenden, aber auch europäisch denken – und das steht übrigens im Grundgesetz auch von Anfang an so drin. Ganz ausnahmsweise kann es sogar sein, dass wir in Deutschland die Dinge ein bisschen anders sehen als die EU und das Gericht in Luxemburg. Dann müssen wir wieder hin und her diskutieren, was das europäische Minimum sein soll.

Und steht der Europäische Gerichtshof über dem Bundesverfassungsgericht?
Die beiden Gerichte haben unterschiedliche Aufgaben. Der Gerichtshof in Luxemburg achtet darauf, dass niemand die europäischen Regeln verletzt. Das Bundesverfassungsgericht überprüft, ob ein Gesetz oder eine Entscheidung eines Gerichts oder einer Behörde mit dem Grundgesetz vereinbar ist. Wenn europäisches Recht eine Rolle spielt, können wir auch den Gerichtshof fragen, wie er das auslegen würde, und danach entscheiden wir dann unseren Fall. Das hat der Zweite Senat so gemacht, als es um die Finanzpolitik in der Euro-Krise ging. Die Fälle, in denen wirklich beide etwas zu sagen haben und nicht ganz einer Meinung sind, sind extrem selten. Dann müssen wir eben weiterdiskutieren.

Warum wurde das Grundgesetz eigentlich schon so oft verändert?
Das Grundgesetz ist ein ziemlich alter Text: Es ist 1949 in Kraft getreten. Formuliert wurde das alles unter dem Eindruck der Zerstörung im Krieg und als »nie wieder« zur Ermordung von Juden und von Sinti und Roma und der Verfolgung von vielen anderen. Seitdem hat sich an der Überzeugung, dass so eine Menschenverachtung nie wieder geschehen darf, nichts geändert. Aber die Lebensumstände haben sich ja dramatisch gewandelt: Damals gab es keine Handys, kein Streaming, keinen Klimawandel mit dramatischen Folgen und keine Nachrichten, in denen wir aus der ganzen Welt fast live erfahren, was passiert. Heute ist das Leben digitalisiert und globalisiert, Deutschland ist wiedervereinigt und Teil der Europäischen Union und der Vereinten Nationen, in Deutschland leben viele unterschiedliche Menschen mit anderen Wünschen und Vorstellungen als früher. Deshalb passen nicht mehr alle Regeln von damals in die heutige Zeit. Ein Beispiel ist der Umweltschutz: 1994 ist das Grundgesetz ergänzt worden. Jetzt gibt es ausdrücklich den Auftrag an den Staat, Umwelt und Tiere zu schützen. Der Kern des Grundgesetzes – die Menschenwürde, sozialer Rechtsstaat und Demokratie – ist aber seit 1949 gleichgeblieben – das gilt »ewig«.

Was passiert eigentlich, wenn ein Richter bei einem Urteil eine andere Meinung hat als die anderen?
Die wichtigen Verfahren werden im Bundesverfassungsgericht durch einen der beiden Senate entschieden. Da urteilen jeweils acht Richterinnen und Richter. Und das muss ja eigentlich erstaunen, denn Gruppen, in denen etwas entschieden werden muss, sind meist mit einer ungeraden Zahl besetzt, damit es eine klare Mehrheit gibt. Bei uns bedeutet das: Wir brauchen eine deutliche Mehrheit, bevor wir insbesondere ein Gesetz für verfassungswidrig erklären. Es müssen also mindestens fünf Richterinnen und Richter überzeugt sein, dass der Gesetzgeber zu weit gegangen ist – sonst bleibt die politische Entscheidung bestehen. Das bedeutet auch, dass wir sehr lange daran arbeiten, einen überzeugenden Kompromiss zu finden. Wenn ich dann aber doch eine andere Meinung als die Mehrheit des Senats habe, muss ich zwar unterschreiben, aber nicht zustimmen. Das passiert eher selten: Ein Gericht lebt vom Konsens und vom Kompromiss. Wir wollen ja alle überzeugen.

Warum tragen Verfassungsrichter eigentlich rote Roben? Das sieht ja schon etwas komisch aus …
Sehr schick ist das vielleicht nicht … aber für das Bild der Institutionen sind die Roben mit den Kappen vielleicht nicht unwichtig. In hohen Gerichten ist es üblich, und im Ausland gibt es teilweise noch viel auffälligere Kleidung, mit Pelzkragen oder Perücke; da tritt das Bundesverfassungsgericht eher bescheiden auf. Die Farbe soll die Bedeutung des Bundesverfassungsgerichts unterstreichen. Vor allem aber zeigen die Roben, dass wir da als Richterinnen und Richter stehen, nicht als Privatpersonen. So wird nach außen deutlich, dass wir jetzt nur nach dem Gesetz urteilen und insofern »neutral« und auch objektiv. Stellen Sie sich vor, wir säßen da alle in schicken Anzügen und Kostümen – dann wäre der Unterschied zur Politik nicht sichtbar. Oder wir säßen da alle in privater Kleidung – dann würden sicher viele versuchen, daraus etwas abzuleiten. Und das würde von der Aufgabe ablenken, die wir eigentlich haben: nach dem Grundgesetz zu urteilen.

Und ist man nervös, wenn man ein Urteil verkündet?
Mir geht es da wie wohl den meisten Menschen: Wenn die Arbeit, an der ich mitgewirkt habe, veröffentlicht wird, hoffe ich auf positive Reaktionen. Und gleichzeitig gibt es bei jeder Entscheidung auch eine Seite, die verliert, da ist immer jemand enttäuscht. Also hoffen wir auf Akzeptanz und versuchen, trotzdem zu überzeugen. Oft haben wir auch jahrelang an einer Entscheidung gearbeitet und darum gerungen, sie gut zu treffen; da steht also auch immer viel dahinter. Und da bin ich also tatsächlich manchmal nervös.

Wie viele Fälle bearbeitet ein Verfassungsrichter eigentlich im Monat?
Im Jahr gehen beim Bundesverfassungsgericht etwa 6000 Verfahren ein. Die allermeisten davon sind Verfassungsbeschwerden, die jede Bürgerin und jeder Bürger selbst erheben kann – auch ohne anwaltliche Unterstützung. Sie werden alle geprüft und von mindestens drei Richterinnen und Richtern entschieden. Jede Verfassungsrichterin und jeder Verfassungsrichter wirkt an über achtzig Verfahren im Monat mit. Das schaffen wir nur, weil uns wissenschaftliche Mitarbeiterinnen und Mitarbeiter unterstützen, die hier für ein paar Jahre arbeiten, aber sonst selbst bei anderen Gerichten tätig sind. Das Bundesverfassungsgericht funktioniert mit so vielen Verfahren nur, weil sich hier alle mit viel Engagement einbringen.

»IM JAHR GEHEN BEIM BUNDESVERFASSUNGSGERICHT ETWA 6000 VERFAHREN EIN.«

Warum ist es denn eigentlich so schwer, Parteien wie die NPD zu verbieten?
Politische Parteien haben in unserer Demokratie eine wichtige Rolle; deshalb sind sie im Grundgesetz ausdrücklich erwähnt und besonders geschützt. Die Mitglieder der Parteien legen fest, welche politischen Ziele verfolgt werden sollen, und die Wählerinnen und Wähler haben dann die freie Wahl, welcher Partei sie den Auftrag zur Umsetzung ihrer Ziele geben. Wer nun eine Partei verbieten will, schränkt ja genau diese Freiheit ein. Außerdem besteht die Gefahr, dass sich eine

Mehrheit unliebsame Konkurrenz vom Hals halten will. Deshalb darf eine Partei nur im extremen Ausnahmefall verboten werden und nur vom Verfassungsgericht.
Es reicht also nicht, dass eine Partei verfassungsfeindliche Ziele verfolgt. Der Zweite Senat hat ausdrücklich betont, dass die NPD das tut, denn sie ist rassistisch und antidemokratisch. Aber ein Verbot darf es nur geben, wenn eine Partei auch die Möglichkeit hat, ihre Ziele je zu erreichen. Dafür ist die NPD derzeit zu schwach. Deshalb ist der Antrag, sie zu verbieten, gescheitert.

Was ich nicht verstehe: Die Parteien müssen das Grundgesetz doch auch kennen, wie kann da ein Gesetz überhaupt verfassungswidrig sein?
Grundsätzlich stimmt das: Deutschland ist ein Land in ziemlich guter Verfassung. Gerade Leute mit Verantwortung kennen das Grundgesetz und respektieren es auch. Deshalb sind auch die allermeisten Gesetze mit dem Grundgesetz vereinbar. Das Bundesverfassungsgericht hat seit 1951 nur etwa zehnmal pro Jahr ein Gesetz von Bund oder Ländern als verfassungswidrig bewertet – es kommt also ziemlich selten vor. Meistens ist alles in Ordnung. Aber bei ganz grundlegenden Kontroversen, in denen nicht klar ist, ob das verfassungsrechtlich geht oder nicht, funktioniert das Bundesverfassungsgericht wie ein Schiedsrichter: Es muss entscheiden, wenn sich andere nicht einigen können.

> »DANN FUNKTIONIERT DAS BUNDESVERFASSUNGSGERICHT WIE EIN SCHIEDSRICHTER.«

- Mitglied des Bundestages
- Staatssekretärin des Bundesministers für Verkehr und digitale Infrastruktur
- Ist mit 24 in den Bundestag gewählt worden
- Zockt gern Smartphone-Games

DOROTHEE BÄR

LeFloid: Sie sind Parlamentarische Staatssekretärin im Bundesministerium für Verkehr und digitale Infrastruktur. Das ist ja ein sehr langer Titel auf der Visitenkarte ... Was machen Sie da den ganzen Tag?
Bär: Dazu bin ich auch noch Koordinatorin der Bundesregierung für Güterverkehr und Logistik, ich habe schon überlegt, mir Visitenkarten zum Ausklappen zu bestellen ... *(lacht)* Meine Aufgabe als Parlamentarische Staatssekretärin ist es, den Minister bei der Regierungsarbeit zu unterstützen. Deshalb wird die Funktion im Ausland auch oft mit »Vizeminister« übersetzt. Das kann einmal bedeuten, dass ich den Minister bei Terminen vertrete, etwa bei öffentlichen Veranstaltungen oder im Bundestag. Da ich aber im Ministerium auch für bestimmte Aufgabenbereiche zuständig bin, habe ich auch eigene Projekte. Das betrifft zum Beispiel meine Arbeit als Logistikkoordinatorin, wo ich die offizielle Ansprechpartnerin in der Bundesregierung für Themen der Logistik bin, das reicht von Arbeitsbedingungen für LKW-Fahrer über Reisen zur weltweiten Vermarktung bis hin zur Digitalisierung in der Logistik. Das Thema Digitalisierung ist insgesamt meine Hauptzuständigkeit, nicht nur in der Logistik, sondern beim vernetzten und

automatisierten Fahren, dem Ausbau des schnellen Internets, der Ausrichtung des Deutschen Computerspielpreises und und und.

Deutschland wird von Investor Frank Thelen als »null digitalisiert« oder »digitales Entwicklungsland« bezeichnet. Wie sehen Sie das? Schneiden wir im Vergleich zu anderen Ländern wirklich so schlecht ab?
Wie allen, die sich mit Digitalisierung beschäftigen, geht es mir auch nie schnell genug voran in Deutschland. In der Politik habe ich immer das Gefühl, wir machen immer alles mindestens eine Legislaturperiode zu spät. Aber die digitale Entwicklung nimmt auch in Deutschland ordentlich Fahrt auf. Beim Netzausbau haben wir die höchste Dynamik in Europa, und es gibt auch immer mehr Unternehmen, die die Digitalisierung als Chance begreifen. Leider ist genau diese Einstellung aber bei vielen Bürgerinnen und Bürgern noch nicht da. Das sehe ich deshalb auch als meine Aufgabe: In der Öffentlichkeit Mut zu machen und den ganzen Schwarzsehern etwas entgegenzusetzen, die versuchen, Entwicklungen aufzuhalten, die nicht aufzuhalten sind, und stattdessen lieber positiv mitzugestalten.

> **»MEINE AUFGABE: IN DER ÖFFENTLICHKEIT MUT ZU MACHEN UND DEN GANZEN SCHWARZSEHERN ETWAS ENTGEGENZUSETZEN.«**

Was ist denn der Unterschied zwischen einem Parlamentarischen Staatssekretär und einem beamteten Staatssekretär?
Wenn man es genau nimmt, ist der beamtete Staatssekretär *im* Bundesministerium, während ein Parlamentarischer Staatssekretär *beim* Bundesminister ist. Die verbeamteten Staatssekretäre sind die höchsten Beamten in den Ministerien und jeweils mehreren Abteilungen wie »Straßenbau«, »Luftfahrt« oder »Digitale Gesellschaft« vorgesetzt. Wir Parlamentarischen Staatssekretäre sind wie schon gesagt Stellvertreter des Ministers und haben eher einen politischen Auftrag, gerade auch was die Arbeit im Bundestag angeht. Die Politik

des Ministeriums ins Parlament zu bringen, dort zu verteidigen und die Abgeordneten zu überzeugen und mitzunehmen ist unsere Aufgabe. Zudem muss man als Parlamentarischer Staatssekretär zwingend auch Mitglied des Bundestages sein. Ein Minister muss das zum Beispiel nicht.

Insgesamt arbeiten fünf Staatssekretäre im BMVI. Gibt es da eine Arbeitsteilung oder wie muss ich mir die Zusammenarbeit unter Ihnen vorstellen?
Ja, wir teilen uns die Arbeit auf. Die beiden verbeamteten Staatssekretäre sind die Vorgesetzten von sieben Abteilungen im Ministerium, die achte Abteilung, »Leitung«, untersteht direkt dem Minister. Wir Parlamentarischen Staatssekretäre teilen uns die Arbeit einmal nach Fachgebieten auf, ich selbst bin zum Beispiel für Digitalisierung, Logistik, Verkehrsinfrastrukturplanung, Satelliten, Verkehrssicherheit und einige andere Felder zuständig. Meine Kollegen kümmern sich dagegen um Schifffahrt, Luftfahrt oder Radverkehr. Dazu haben wir auch eine regionale Zuständigkeit, was die Verkehrsinfrastruktur angeht. Da bin ich natürlich für mein Heimatland Bayern, aber auch für viele andere Bundesländer zuständig. Langweilig wird es mir also nicht.

Ist Alexander Dobrindt dann eigentlich Ihr Chef und gibt Ihnen zum Beispiel auch ein Arbeitszeugnis oder wie sieht Ihre Zusammenarbeit mit dem Bundesminister aus?
Als Minister hat Alexander Dobrindt natürlich die Ressorthoheit, trifft also letztendlich die Entscheidungen über die Politik des Bundesministeriums. Das ist auch richtig so, er trägt am Ende auch die Verantwortung. Aber auch als seine Stellvertreterin bin ich ja noch Mitglied des Deutschen Bundestages und als Abgeordnete frei in meiner Entscheidung. Das bedeutet, dass ich mich bei den Themen, die unmittelbar das Ministerium betreffen, natürlich eng mit ihm abstimme. Als Abgeordnete habe ich in einigen Themen andere Ansichten, das mache ich auch deutlich. Aber ich war ja schon die Stellvertreterin von Alexander Dobrindt, als er noch Generalsekretär der CSU war, er

wusste also, worauf er sich einlässt, als ich Parlamentarische Staatssekretärin bei ihm geworden bin. *(lacht)*

Sie sind Mitglied der Deutsch-Koreanischen Parlamentariergruppe, Deutsch-Italienischen Parlamentariergruppe und Deutsch-Schweizerischen Parlamentariergruppe. Reisen Sie einfach nur gern oder macht man auch irgendwas in diesen Gruppen?
Die Parlamentariergruppen pflegen Beziehungen zu den jeweiligen Parlamenten ihrer Partnerländer. Da passiert schon einiges. Die Abgeordneten reisen regelmäßig in das andere Land und empfangen auch Delegationen des Partnerlands hier in Deutschland. Damit sind diese Gruppen das Gegenstück zu den regelmäßigen Regierungskonsultationen, also den Gesprächen zwischen Regierungen verschiedener Länder. Der Vorteil ist, dass ich in einer Parlamentariergruppe mit Abgeordneten zusammentreffe, die nicht alle der Regierungspartei angehören müssen. Da bekommt man interessante Einblicke in die Debatten, die innerhalb des Landes geführt werden. Wenn ich dagegen als Parlamentarische Staatssekretärin an Regierungskonsultationen teilnehme, sind die Aussagen ja meistens genau durch Diplomaten vorher ausgelotet und abgestimmt worden. Deshalb habe ich mich auch bewusst für bestimmte Parlamentariergruppen entschieden. In der Deutsch-Koreanischen Gruppe bin ich zum Beispiel deshalb Mitglied, da dieses Land geteilt ist wie früher Deutschland. Mein Wahlkreis liegt ja an der ehemaligen deutsch-deutschen Grenze, da ist eine mögliche Wiedervereinigung Koreas für mich schon ein besonderes Anliegen. Aber ich gebe zu: Ich reise auch sehr gern!

»**ICH REISE AUCH SEHR GERN.**«

Sie sind mit vierundzwanzig Jahren in den Bundestag gewählt worden und müssen da ja sicherlich auch Reden vor dem Deutschen Bundestag halten. Ist man da aufgeregt und wie muss man eine Rede gestalten, um die Abgeordneten zu überzeugen?

Natürlich war ich bei meinen ersten Reden aufgeregt. Aber ich war ja vorher schon in der Jungen Union und in der CSU aktiv. Meine Feuerprobe hatte ich 2002 also schon länger hinter mir. Ehrlicherweise geht es bei den Reden im Bundestag auch nicht mehr darum, die Abgeordneten zu überzeugen. Das gehört zur Sacharbeit in den Ausschüssen, und da muss man einfach gute Argumente, sehr viel Geduld und noch mehr Gelassenheit mitbringen. Bei den Reden während der Plenarsitzung geht es darum, die eigene Position gegenüber der Öffentlichkeit darzustellen, und es ist mir wichtig, da auch klar Position zu beziehen. Wenn ich irgendwann so langweilige Reden halte, dass es von der Opposition keine Zwischenrufe mehr gibt, hänge ich die Politik an den Nagel.

»WENN ICH IRGENDWANN SO LANGWEILIGE REDEN HALTE, DASS ES VON DER OPPOSITION KEINE ZWISCHENRUFE MEHR GIBT, HÄNGE ICH DIE POLITIK AN DEN NAGEL.«

Sie sitzen unter anderem mit Gronkh in der Jury des Deutschen Computerspiel-Preises, bei dem pädagogisch wertvolle Spiele ausgezeichnet werden. Diskutieren Sie da wirklich mit Gronkh über das Game-Design oder den Spielaufbau von Computerspielen oder wie läuft das ab?

»Pädagogisch wertvoll« ist nur eines der Kriterien. Seit wir den Preis ins BMVI geholt haben, können auch Spiele ausgezeichnet werden, die einfach jede Menge Spaß machen. Aber tatsächlich wird in der Jurysitzung immer wieder leidenschaftlich über den Spielaufbau, die Eigenschaften der Spielwelten, Detailversessenheit der Designer und alle möglichen anderen Punkte diskutiert. Und da war Gronkh ebenso dabei wie alle anderen, auch wenn er das Ganze mit einer ordentlichen Portion Humor begleitet hat. Da bildet er aber ein gutes Gegengewicht zu dem einen oder anderen Juror, der eher durch Betroffenheitslyrik glänzt. Also: Es muss ein Gronkh durch Deutschland gehen! Oder zumindest durch die Hauptjury des DCP.

Hand aufs Herz: Was zocken Sie privat wirklich am liebsten?

Leider gehen momentan zeitbedingt nur Mobile Games, dafür aber durchaus auch manchmal auf der Regierungsbank. In der Schul- und Studienzeit waren längere Adventures drin ... Seufz!

»ES MUSS EIN GRONKH DURCH DEUTSCHLAND GEHEN!«

Neben der Jury des Computerspiel-Preises sind Sie Mitglied in zahlreichen Vereinen oder Verbänden, von der Wasserwacht Unterfranken bis zum Kuratorium der Bundeszentrale für politische Bildung oder der Jury des Deutschen Filmpreises. Ist das nötig, als Politiker so viele Ämter zu sammeln, oder sind Sie wirklich überall aktiv und schlafen einfach nie?

Viele dieser Ehrenämter habe ich ja abgegeben, als ich Parlamentarische Staatssekretärin geworden bin. Aber tatsächlich werden einem ja Ämter angetragen, sobald man Mitglied des Deutschen Bundestages ist. Den Vereinen und Organisationen ist auch klar, dass man nicht beim Tagesgeschäft und jeder Sitzung mitmachen kann, das wäre vielen sicher auch gar nicht recht. Aber wenn es mal eine politische Frage gibt, ist es eben gut, wenn man sich an eine Abgeordnete wenden kann, die die Thematik direkt an den richtigen Ausschuss bringen kann. Deshalb nehme ich auch nur Ehrenämter an, von deren Sinn ich wirklich überzeugt bin. Die Wasserwacht ist ein gutes Beispiel: Ich bin ausgebildete Rettungsschwimmerin, und Schwimmen ist der einzige Sport, den zu beherrschen überlebenswichtig ist. Dafür setze ich mich gern ein.

Vielleicht eine persönliche Frage zum Abschluss: Auch Ihr Mann ist ja Politiker und neben den ganzen politischen Ämtern haben Sie drei Kinder. Wie bekommen Sie beide das alles unter einen Hut?

Vielleicht stellen Sie diese persönliche Frage auch mal einem männlichen Politiker? Eigentlich sollte ich die vorher gar nicht beantworten.

Trotzdem: Wir bekommen es unter einen Hut, weil wir das, was wir tun, mit Begeisterung tun. Das merken auch unsere Kinder. Wir leben in einem Vier-Generationen-Haus. Und alle halten zusammen. Und mal ehrlich: Wenn ich dann doch mal ein paar Tage zu Hause bin, freuen sich die Kinder schon wieder darauf, wenn die Oma die tägliche Zeit vor den Bildschirmen bestimmt. Die ist da nämlich entspannter. Auch was das fünfte Leberwurstbrot betrifft …

- Sozialdemokratin
- Feministin
- Juristin
- Bundestagsabgeordnete
- Generalsekretärin

KATARINA BARLEY !!!

Demokratie bedeutet Bewegung und damit auch Veränderung. Ende Mai 2017 hat Mecklenburg-Vorpommerns Ministerpräsident Erwin Sellering seinen krankheitsbedingten Rücktritt bekanntgegeben, und Manuela Schwesig, zu diesem Zeitpunkt Bundesfamilienministerin, übernahm sein Amt. Katarina Barley löste ihre Parteikollegin ab und wurde Bundesfamilienministerin. Zum Zeitpunkt des Interviews war Katarina Barley noch Generalsekretärin der SPD und beantwortete die Fragen zu ihrem Amt entsprechend.

LeFloid: Was macht eine Generalsekretärin der SPD?
Barley: Diese Frage wird mir oft gestellt, übrigens auch von Parteimitgliedern. Die Generalsekretärin ist zum einen die Chefin des Willy-Brandt-Hauses und hat damit Personalverantwortung für über 200 Mitarbeiterinnen und Mitarbeiter. In der Satzung der SPD ist auch verankert, dass die Generalsekretärin den Wahlkampf führt. Das ist jetzt gerade natürlich besonders wichtig. Zudem bin ich für die Repräsentation der Partei nach außen – also vor allem zur Presse und

anderen Parteien und gesellschaftlichen Gruppen zuständig. Und ich bin Mitglied des Parteivorstands, also in der inhaltlichen Arbeit auch mittendrin.

War Politikerin per se schon immer so 'ne Art Traumberuf?
Nein, never. Never ever.

(LeFloid lacht) Okay, alles klar!
Das war nie ein Ziel oder mein Plan. Ich wollte ursprünglich Journalistin werden. Um ein Volontariat zu bekommen, musste man aber ein Studium vorweisen. Ich hab dann Jura studiert und schnell festgestellt, dass mich das total interessiert und ich unheimlich Spaß daran hatte. Aber ich bin wie viele Frauen davon ausgegangen, dass ich lieber in der zweiten Reihe stehe. Organisieren, vorbereiten, unterstützen und so. Aber selbst die erste Reihe – mit Mikro in der Hand – brauchte ich jetzt nicht so. Da bin ich tatsächlich reingerutscht. Das kann man nicht anders sagen.

Na ja, also »zweite Reihe« ist schon auch ein zweischneidiger Begriff als Leiterin des Wahlkampfes?

> »ICH HAB ÜBERHAUPT NIE DAMIT GERECHNET, DASS POLITIK MAL MEIN BERUF WIRD.«

Für mich war schon Bundestagsabgeordnete nicht mehr zweite Reihe. Ich hab überhaupt nicht damit gerechnet, dass Politik mal mein Beruf wird. Das war nicht der Plan. Ich hab als Juristin und als Richterin gearbeitet und war beim Bundesverfassungsgericht. Ich hab richtig tolle Sachen gemacht. Während meiner Elternzeit fing ich irgendwann an, mit den Hufen zu scharren und hab gedacht: Es könnte mal wieder was passieren. Zu dem Zeitpunkt gab es eine kommunale Wahl bei mir in der Region. Der Landrat ging in Ruhestand. Na, und wie so oft in meinem Leben habe ich mir gedacht: »Probier's doch mal.« Und dann habe ich festgestellt, dass es mir wahnsinnig Spaß gemacht hat. Die Leute haben unheimlich positiv auf mich reagiert, die Partei war begeistert.

Gerade der aktuelle Wahlkampf wird ja noch mal, nicht zuletzt aufgrund der SPD, richtig spannend. Sie, als Leiterin des Wahlkampfes, haben ja den aktuellen SPD-Spitzenkandidaten schon ... *sehr* gelobt. Immer wieder.
Ja.

Ja, auch öffentlich. Was mich jetzt interessiert – das soll jetzt nicht frech sein –, aber müssen Sie das nicht eh machen?
(Barley lacht)

Wäre es nicht total egal gewesen, wer es ist?
Ich stehe hinter unserem Spitzenkandidaten. Ich bin ja auch nicht ganz unbeteiligt daran, wie das Ganze organisiert wird. Aber mit Martin Schulz hab ich schon eine besondere Verbindung. Ich bin in Köln geboren und aufgewachsen und somit wie er auch Rheinländer. Wir haben ein ganz ähnliches Temperament. Und wir sind Fans desselben Fußballclubs.

(LeFloid lacht)
Schwer zu erraten, was das dann wohl für einer sein wird *(lächelt)*. Seine Art liegt mir einfach. Wir sind beide Menschen, die die Menschen mögen. Er ist dabei sehr empathisch. Wenn er mit dir redet, dann sieht er dich. Das merkt man auch, wenn man ihm dann das zweite und das dritte Mal begegnet. Er nimmt aus Gesprächen etwas mit, das in ihm arbeitet und ihn beschäftigt. Das ist etwas, das kannst du nicht lernen. So bist du, oder so bist du nicht. Und er ist eben so, und davon bin ich ehrlich begeistert.

Das heißt, da ist auch richtig Feuer drin?
Ja, da ist Feuer drin und eine Menge Humor. Der gemeinsame rheinländische Hintergrund hilft da ungemein. Und ja, es ist cool und macht mir Spaß.

Humor oder sogar Fußball sind eigentlich zwei ganz
gute Stichpunkte. Das Problem, was ich persönlich
immer wieder mitbekomme, egal in welcher Generation,
ist, dass die Begeisterung für Politik einfach nicht
gegeben ist. Und wie ist das denn jetzt bei der SPD?
Denkt man sich: »Wir haben gerade einen tierischen
Aufschwung, wie können wir den auch nutzen, um ein
ganz junges Wählerpublikum zu erreichen«?

Manche Sachen kann man einfach nicht planen. Seit Martin Schulz nominiert ist, haben wir viele neue Mitglieder gewonnen. Weit über 17 000 seit Jahresbeginn. Im kompletten letzten Jahr hatten wir nur 13 000. Das Spannendste daran ist, 40 %, also fast die Hälfte, sind im Juso-Alter. Also unter 35. Das sind junge Leute. Wir fragen die ja auch: »Warum tretet ihr ein?«, und wir stellen fest, bei ganz vielen ist es unsere klare Haltung gegen rechts außen, gegen Rechtsextremismus, gegen Nazis, und bei ganz vielen ist es die Begeisterung für die europäische Idee. Und das verbinden viele mit Martin Schulz und mit der SPD.

Das finde ich gut. Die Motivation, sich gegen rechts
außen zu stellen, das zaubert mir natürlich ein
Lächeln ins Gesicht, deswegen bin ich da ganz froh
drum, dass sich die Leute wieder dafür engagieren.
Also gerade im Vergleich mit der Vorjahreszahl, damit
habe ich persönlich nicht gerechnet. Mir war zwar dieser Zulauf klar. Den gab es, der war ja medial auch immer wieder Thema. Aber, dass es so dermaßen das Vorjahr
schlägt, das überrascht mich tatsächlich.

Wir sind ja jetzt erst im April, haben also noch zwei Drittel des Jahres vor uns. Das ist großartig und beschränkt sich ja auch nicht auf die SPD. Deswegen habe ich eben auch so ein bisschen gezuckt, als Sie sagten, dass sich junge Leute nicht für Politik interessieren. In welcher Gesellschaft wollen wir eigentlich leben? In welchem Land wollen wir leben? Auch in welchem Europa wollen wir leben? Die Wahl von Trump, der Brexit. Ich habe den Eindruck, dass im Moment ganz viele junge Leute merken: »Oh, Politik geht mich doch was an.« Der Brexit ist dafür ein gutes Beispiel. Über 70 % der jungen Leute haben sich für den Verbleib in der Europäischen Union entschieden. Aber es ist nur ein Drittel von ihnen zur Wahl gegangen. Bei ganz vielen jungen Leuten war das so ein Aha-Erlebnis. Sie haben gemerkt, dass Politik passiert, ob sie das wollen oder nicht. Wenn wir etwas verändern wollen, dann müssen wir mal runter vom Sofa.

> »IN WELCHER GESELLSCHAFT WOLLEN WIR EIGENTLICH LEBEN?«

Oftmals wurde ja gesagt, es wäre eine demographisch entschiedene Wahl gewesen, der Brexit. Sie haben es ja schon angedeutet, die Entscheidung für den Brexit können Sie eigentlich nicht nachvollziehen.
Ach, was heißt nicht nachvollziehen? Mein Vater ist Brite, ich hab immer noch Verwandte dort, und ich liebe dieses Land. Diese Entscheidung tut mir heute noch in der Seele weh. Muss ich ehrlich sagen. Aber nicht nachvollziehen … es ist eben so: Großbritannien ist durch diese Entscheidung tief gespalten. Diese Risse zwischen Stadt und Land waren natürlich vorher schon da. London hat ganz klar für die EU gestimmt und die ländlichen Gebiete ganz stark dagegen. Man muss wissen, Boris Johnson, der jetzige Außenminister, der hat das Ganze ja angerichtet. Der war viele Jahre Korrespondent für eine britische Tageszeitung in Brüssel. Und der hat jahrelang gequirlten Mist, also richtig *erfundene* Geschichten über die Europäische Union geschrieben. Hanebüchene Geschichten! Nur ein Beispiel, wild herausgegriffen, so was wie: Die wollten Cricket verbieten. Was völlig erstunken und erlogen war. Einfach nur aus Spaß. Das sind diese britischen verwöhnten Oberschicht-Kids. Boris Johnson ist ein Zocker. Und der hatte einfach jetzt mal Lust zu gucken, was passiert. Und das zweite Problem ist, in Großbritannien gibt es ein Mehrheitswahlrecht. Also anders als bei uns. Wir haben ja eine Erststimme und eine Zweitstimme, und wir können über Listen Menschen auch in Parlamente wählen. In Großbritannien hast du einen Wahlkreis, da stellen sich bestimmte

> »BORIS JOHNSON IST EIN ZOCKER.«

Leute zur Wahl. Und aus dem Wahlkreis wird's einer, und die anderen kommen nicht rein. Punkt. Das heißt, wenn du ein Thema besetzt, was nicht so populär ist, bist du einfach weg. Ich hab mal meine Labour-Kollegen gefragt: »Sagt mal, warum seid ihr nicht viel engagierter für Europa?« Und da haben die gesagt: »Ja, das können wir machen. Aber die letzten, die das gemacht haben, waren die Liberalen – die LibDems –, und die hatten dann von 53 Abgeordneten nachher noch neun übriggehabt.« Die waren dann alle weg. Wenn mal etwas unpopulär ist, dann ist es ganz schwer, wieder was Positives reinzubringen. Und deswegen finde ich, wir müssen viel mehr sagen, wofür Europa auch gut ist. Ich meine, es ist nicht alles perfekt. Aber es ist auch für ganz viele Sachen gut.

Jetzt, wo die aktuelle Kanzlerin tatsächlich mal ernstzunehmenden Gegenwind bekommt, nach langer, langer, langer Zeit, ist der Ton ruppiger geworden? Also nicht nur medial, sondern tatsächlich auch im Wahlkampf? Unter den Politiker-Kollegen?
Ja, das war am Anfang lustig zu sehen, weil viele Kollegen mit dieser Entwicklung überhaupt nicht umgehen konnten. Die haben erst mal in alle Richtungen ausgeteilt. Die CDU und die CSU, die gehen, glaube ich, davon aus, dass der liebe Gott direkt, ohne Umwege, ihnen die Macht sozusagen in die Hände gelegt hat. Und alles andere sind widernatürliche Zustände.

(LeFloid lacht)
Und die sind so lange nett zu einem, wie man ganz weit, also ganz weit unter ihnen steht in den Umfragen. Und in dem Moment, wo wir auf einmal auf Augenhöhe waren, wurden die richtig unfreundlich. Auch im persönlichen Umgang. Da sag ich: »Hä? Ich bin immer noch derselbe Mensch, und du bist immer noch derselbe Mensch.« Die nehmen das richtig persönlich. Das ist ganz lustig.

Na ja, man rüttelt ja auch ordentlich an 'nem Weltbild.
Ja, und ich finde verdammt nochmal, das ist Demokratie. Demokratie

ist ein Wettbewerb von Meinungen und von Auffassungen. Und dazu gehört es auch, dass man mal abgewählt wird. Und ich finde, es ist dringend an der Zeit, dass die schwarzen Jungs und Mädels, also die CDU und die CSU, auch mal merken: Es ist nicht gottgegeben, dass ihr an der Regierung seid. Wenn die jetzt mal ein paar Jahre in der Opposition wären, dann könnten die sich mal wieder ein bisschen zurechtrütteln und auch mal wieder inhaltliche Konzepte erarbeiten, von denen sie, in den letzten dreieinhalb Jahren jedenfalls, nicht viele gezeigt haben.

»ES IST NICHT GOTT-GEGEGEBEN, DASS IHR AN DER REGIERUNG SEID.«

Das stimmt. Die CDU als Oppositionspartei. Das wäre... Schön, ne?

Das würde ich gerne noch erleben. Tatsächlich. Wir arbeiten dran.

Das ist super. Wenn wir über junge Menschen sprechen, um die für Politik zu begeistern, dann fällt mir immer auf, wo es wahrscheinlich den meisten Leuten so geht, Politiker sind doch ... nicht mehr ... ganz die Jüngsten.
(Barley lacht) Danke.

Also, die wenigsten Politiker sind in ihren Zwanzigern. Also die, die man so nach außen hin kennt. Und jetzt sind Sie ja auch in der vordersten Front, in der ersten Reihe tätig. Gibt es denn in der deutschen Politik 'ne Chance für junge politikinteressierte Menschen, in diese erste Reihe zu treten?
Ja. Klar gibt's die. Man muss natürlich eine gewisse Zeit in einer Partei gewesen sein, damit die Leute einen kennenlernen und wissen, wie jemand tickt und welche Vorstellungen jemand hat. Man darf sich das nicht so vorstellen, dass man in eine Partei geht und innerhalb von

»ICH FINDE, DASS MAN AUCH AB SECHZEHN SCHON WÄHLEN DÜRFEN SOLLTE.«

einem Jahr auf einer Liste für eine Abgeordnetenwahl steht. Aber man kann ja schon mit vierzehn in Parteien eintreten. Und – das war zwar nicht die Frage, aber ich gebe trotzdem die Antwort – ich finde, dass man auch ab 16 schon wählen dürfen sollte. Unsere Gesellschaft wird immer älter. Die Älteren haben auch von der Stimmenanzahl her ein immer stärkeres Gewicht. Ich finde, wir müssen das auch bei den jungen Leuten stärken.

Zumal man dazu sagen muss, dass die junge Generation auch heute viel mehr in der Verantwortung ist und dementsprechend auch viel mehr politisch gebildet als noch Generationen vor ihr.
Ja, und die haben ja auch ganz andere Informationsmöglichkeiten, als man früher hatte.

Definitiv.
Das Problem ist, oder was ich total schade finde, ist, wenn ich junge Leute selbst nach dem Wahlrecht mit 16 frage – es kommen ja ganz viele Schulklassen in den Bundestag. Bei denen gibt es so gut wie nie eine Mehrheit, die sagt, dass man das Wahlalter senken sollte. Die sind sehr selbstkritisch.

Ja, sie sind selbstkritisch, und sie hören ja oftmals auch, es wäre unvernünftig und so weiter. Das sind ja Sachen, die weitergetragen werden. Ich glaube, wenn man ihnen die Möglichkeit gibt, würden sie sie auch nutzen. Also ich denke, dass es möglich wäre, und ich würde es mir tatsächlich auch wünschen.

Kommen wir nochmals ganz kurz auf den Brexit zu sprechen: Da geht es darum, dass ich mich oftmals frage, ob solche Szenarien auf Deutschland übertragbar wären. Also kann man sich so was wie den Brexit, was ja einige Parteien tatsächlich auch immer wieder propagieren und durchsetzen wollen, für Deutschland vorstellen?

Also, ehrlich gesagt, nach all diesen Entscheidungen, Brexit und Trump-Wahl und so, sag ich: Man darf niemals nie sagen. Ich glaube, dass in Deutschland der europäische Gedanke sehr stark verankert ist. Das zeigen auch die Umfragen. Das ist aber trotzdem zerbrechlich. In Großbritannien gab es eigentlich keine politische Kraft, die für Europa gestanden hat. Schon vor der Brexit-Entscheidung war niemand da, der die Jahre über gesagt hat, Europa ist 'ne gute Einrichtung. Wenn das hier auch so wäre, dann, glaube ich, könnte sich auch bei uns etwas ändern. Ich glaube, dass die politischen Kräfte 'ne Wahnsinnsverantwortung haben. Die Versuchung ist groß zu sagen: »Wo ich erfolgreich bin, hab ich's gemacht, und wo's schlecht läuft, das waren die Brüsseler Bürokraten.« Das machen, ehrlich gesagt, leider ziemlich viele Regierungschefs. Das macht auch unsere Regierungschefin gelegentlich. Oder unser Finanzminister. Das ist gefährlich. Also, man muss schon fair sein, und man muss auch sagen, dass Europa was bringt. Sei es zum Beispiel, die vielen Austauschprogramme oder die Roaming-Gebühren abzuschaffen. Das macht Europa gerade.

Klar. Also, wie wichtig ist die EU denn tatsächlich für Deutschland?

Die EU ist wahnsinnig wichtig für Deutschland, vor allen Dingen in wirtschaftlicher Hinsicht. Unsere Exporte gehen zu 60 % in die EU. Das ist ein gewaltiger Anteil. Der wichtigste Aspekt bleibt für mich aber der Frieden. Mein Vater ist Brite, ich hab in Frankreich ein Jahr studiert, ich hab einen Mann geheiratet, der halber Spanier, halber Niederländer ist. Das sind alles Länder, die über Jahrhunderte Krieg gegeneinander geführt haben. Für meine Generation und für Ihre Generation noch viel mehr, ist das sehr weit weg. In Jugoslawien haben wir aber gesehen, dass das ganz schnell gehen kann. Diese Idee, dass man friedlich miteinander ringt, dass man miteinander reden muss, dass man sich

»DIE EU IST WAHNSINNIG WICHTIG FÜR DEUTSCHLAND.«

verständigen muss, dass man sich verstehen muss, das ist so ein Geschenk. Ich glaube, es gibt ganz viele Gründe, warum die EU ein wichtiges Projekt ist. Das man verbessern muss, aber das wichtig ist.

Und das man noch verbessern *kann*.
Ja, unbedingt.

DIE LINKE.

- Vorsitzender der Partei European Left
- Mitglied des Bundestages
- Sein Zweitname ist Florian
- Diplom-Jurist
- In Berlin geboren

GREGOR GYSI

LeFloid: Was zeichnet für Sie gute Oppositionspolitik aus?

Gysi: Gute Oppositionspolitik muss machbare Alternativen zur Regierungspolitik aufzeigen. Die Opposition ist, wenn man so will, das Salz in der demokratischen Suppe. Sie treibt die Regierungsparteien und macht die Konsequenzen von deren Politik öffentlich.

Darf man als Opposition auch mal die gleiche Meinung haben wie die Regierung?

Selbstverständlich. Kritik um des Kritisierens willen ist nicht nur überflüssig, sondern schmälert die Glaubwürdigkeit. Es gibt ja genug Beispiele wie etwa die Armenien-Resolution, die vom gesamten Bundestag getragen wurde. Umso unverständlicher ist es dann, wenn die CDU/CSU sich bis heute weigert, Anträge gemeinsam mit der LINKEN zu stellen, obwohl man sich in der Sache einig ist.

»DIE OPPOSITION IST DAS SALZ IN DER DEMOKRATISCHEN SUPPE.«

Was bringt es überhaupt, eine große oder eine kleine Anfrage zu stellen?
Die Anfragen sind eines der wichtigsten Mittel, um mit der Antwort der Regierung von dieser bestätigt zu bekommen, wie es um Verhältnisse im Land steht. Wenn wir zum Beispiel mit einer Kleinen Anfrage von der Regierung bestätigt bekommen, dass man bei 45 Jahren Vollzeitarbeitsverhältnis mindestens 11,84 Euro in der Stunde verdienen muss, um eine Rente über dem Grundsicherungsniveau zu bekommen, sagt das viel darüber, was niedrige Löhne und Rentenkürzungen für die Menschen bedeuten.

Welche Rolle spielt die Presse bei der Opposition?
Es heißt ja immer, die Presse sei die Vierte Gewalt im Staate neben Regierung, Justiz und Parlament. Da ist durchaus etwas dran, Medien können einiges bewegen, wenn sie herausfinden und veröffentlichen, wo und wie getrickst und getäuscht wird. Die Ergebnisse unserer Anfragen werden von den Medien gern und häufig aufgegriffen. Aber natürlich macht die mediale Kritik auch nicht vor der Opposition halt. Freie und unabhängige Medien sind ein wichtiger Faktor zur Kontrolle politischer Macht.

»MEDIEN KÖNNEN EINIGES BEWEGEN.«

Und muss man Ihrer Meinung nach ein guter Redner sein, um ein erfolgreicher Politiker zu werden?
Es schadet zumindest nicht. Vor allem weil die politischen Prozesse häufig so kompliziert sind, dass man sie übersetzen muss, damit sie überhaupt nachvollziehbar werden.

In den USA ist es ja üblich, dass Politiker und sogar US-Präsidenten in Late Night Shows zu Gast sind, in Deutschland ist das ja eher die Ausnahme. Sie hingegen sieht man hin und wieder zu Gast bei Kurt Krömer, in der heute-show und gemeinsam mit Jan Böhmermann – was ist bei Ihnen anders?

Ich bin ja nicht der einzige Politiker, der in diesen Sendungen war. Wenn man so will, waren die Talkshows Anfang der 1990er Jahre ein bisschen Wegbereiter meiner politischen Entwicklung. In den Nachrichtensendungen kam die PDS damals nicht vor, die Talkshows luden mich ein, weil es ihnen eine doppelte Quote brachte, denn es sahen die zu, die mich mochten, aber auch die, die mich ablehnten. Und wenn man damals auf dem heißen Stuhl gesessen hat, ist einem später vor Kurt Krömer nicht bange. Vor allem, Unterhaltung spricht keinesfalls gegen Seriosität.

Verbringt man als Abgeordneter denn eigentlich mehr Zeit im Bundestag oder auf anderen Terminen?
Das ist je nach dem Aufgabengebiet unterschiedlich und verändert sich auch. Die Kritik daran, dass nicht immer alle Abgeordneten im Plenarsaal sitzen, ist nicht von der Hand zu weisen. Andererseits laufen eben gleichzeitig Ausschusssitzungen, sitzt man in Gremien, hat politische Termine anderswo im Land oder im Ausland, wollen Besuchergruppen betreut werden, wird man in Interviews befragt, trifft sich mit Vertreterinnen und Vertretern von Gewerkschaften und Verbänden und und und. Man kann auch im Büro sitzen, Briefe der Bürger beantworten und trotzdem die Debatte im Parlamentsfernsehen verfolgen.

Gerade in den neuen Bundesländern sind ja Parteien wie Die Linke und AfD populär. Wie unterscheidet sich die politische Kultur zwischen Ost- und Westdeutschland mehr als 20 Jahre nach der Vereinigung?
Inzwischen deutlich weniger. Sicherlich ist die so genannte Wählerbindung an die Parteien im Osten außer bei uns etwas geringer. Und die Hoffnungen darauf, dass der Staat die Dinge im Interesse seiner Bürgerinnen und Bürger richtet, waren größer, so dass nun die Enttäuschungen größer sind, weil es eben gerade nicht geschieht und die Angleichung der Lebensverhältnisse stagniert. Renten, Löhne, Vermögen, gute Arbeit – überall hinkt der Osten weiter hinterher. Die-

»DIESE ENTTÄUSCHUNG IST DER HUMUS, AUF DEM DIE AFD GEDEIHT.«

se Enttäuschung ist der Humus, auf dem die AfD gedeiht. DIE LINKE dagegen hat über die gesamte Zeit seit der Wende ein stabiles Wählerpotential im Osten, weil sie sich als einzige konsequent für dessen Gleichstellung eingesetzt hat.

Gibt es vielleicht einen Zusammenhang zwischen der Popularität der Linken und dem Aufstieg der AfD in diesen Bundesländern?
Nein, den gibt es nicht.

Wie bewerten Sie überhaupt die »neuen jungen Parteien« wie die Piratenpartei oder auch die AfD? Gehen die Protestparteien auch schnell wieder unter oder sind sie gekommen, um zu bleiben?
Parteien werden dann zu einem dauerhaften Faktor, wenn sie die langfristigen sozialen und ökonomischen Interessen von Bevölkerungsgruppen aufnehmen, offensiv in politischen Auseinandersetzungen dafür kämpfen und sie direkt oder indirekt durchsetzen. Dafür brauchen sie innerparteiliche Organisation, intellektuelle Reife und entsprechende Persönlichkeiten. Reinen Protestparteien gelingt dies meist nicht, weil sie punktuelle Probleme und Problemsituationen aufgreifen, selten etwas zu deren Lösung beitragen und ihnen dann irgendwann das Thema abhandenkommt, wenn die anderen Parteien die Lücke im politischen Koordinatensystem schließen. Die Piraten stehen exemplarisch für eine solche Entwicklung. Sie waren erfrischend, haben die Lücke bei der Nutzung des Internets deutlich gemacht, konnten sie aber nicht ausfüllen. Was aus der AfD wird, ist noch nicht ausgemacht. Im Moment scheint die nationalistisch-konservative Strömung mit engen Bezügen zum Rechtsextremismus erfolgreich zu sein. Das Land braucht aber nichts weniger als eine solche zweite, leicht bürgerlich angehauchte NPD.

Wie gründet man denn eigentlich eine Partei?
Das kann ich Ihnen gar nicht so richtig sagen, denn meine Partei hat sich ja aus früheren Parteien entwickelt. Das war ein schwieriger Pro-

zess, macht uns vielleicht aber auch deshalb demokratisch so stark. Neue Parteien haben es bei uns nicht leicht, aber die Grünen zeigen, dass man sich zu einem dauerhaften Faktor entwickeln kann.

Sie waren ja Rechtsanwalt in der DDR und haben Systemkritiker verteidigt – darf man aus Ihrer Sicht gegen Gesetze verstoßen, wenn dies Teil von zivilem Widerstand ist?
Ziviler Ungehorsam ist wichtig, umso mehr, wenn demokratische Gepflogenheiten von autoritären oder diktatorischen Regimes höchstens noch als Feigenblatt zur Bemäntelung der eigenen Machtfülle zugelassen werden. Ich wünschte mir, dass unsere Jugend wieder rebellischer wird. Da ist mir zu viel Angepasstheit, zu viel Eingerichtetsein. Wir dürfen nicht vergessen, dass eine Demokratie ohne lebendigen Widerspruch langsam verkümmert. Sie ist nicht selbstverständlich, wir müssen sie mit Leben füllen.

> **ICH WÜNSCHTE MIR, DASS UNSERE JUGEND WIEDER REBELLISCHER WIRD.**

- Ministerpräsident des Landes Baden-Württemberg
- Studierte Biologie und Chemie auf Lehramt
- Geht gerne wandern

WINFRIED KRETSCHMANN

LeFloid: Herr Kretschmann, Sie sind der erste und einzige grüne Ministerpräsident – wie gefällt Ihnen dieses Alleinstellungsmerkmal?

Kretschmann: Ich muss zugeben, dass ich schon ein bisschen stolz darauf bin, der erste grüne Ministerpräsident zu sein. Es würde mir aber noch besser gefallen, wenn ich mein Alleinstellungsmerkmal verlieren würde und eines Tages noch weitere grüne Ministerpräsidentinnen oder Ministerpräsidenten dazukommen würden.

Was ist denn eigentlich die Hauptaufgabe eines Ministerpräsidenten und gibt es so was wie einen Arbeitsalltag?

Der Ministerpräsident bestimmt die Richtlinien der Politik – so steht es in der Landesverfassung. Im Alltag sieht das dann so aus: Unmengen an Papieren lesen, sich schlau machen, Meinungen und Sachverstand einholen. Aber auch: verhandeln, Konflikte schlichten, Kompromisse suchen, Entscheidungen treffen. Und natürlich: rausgehen, mit Menschen reden und Politik erklären. Das alles ist notwendig, um das Land verlässlich und erfolgreich zu regieren. Dass dies gelingt, bedeutet eine Menge Arbeit. Das ist ein richtig abwechslungsreicher Job. Da gibt es nicht den typischen Arbeitstag, sondern jeder Tag ist irgendwie anders. Das macht die Aufgabe auch interessant.

Wie ist denn grundsätzlich das Verhältnis mit anderen Ministerpräsidenten? Ärgert man sich gemeinsam über Berlin und Brüssel oder gibt es auch noch Streitereien untereinander?
Unter uns Ministerpräsidentinnen und Ministerpräsidenten menschelt es manchmal auch. Den einen oder die eine mag man mehr, andere weniger. Das ist wie im normalen Leben auch. Und natürlich gibt es auch mal Streit, wenn man unterschiedlicher Meinung ist oder die Länder unterschiedliche Interessen haben. Aber zivilisierter Streit macht ja die Demokratie erst richtig spannend. Und natürlich schimpfen wir Ministerpräsidenten auch mal gemeinsam auf die Bundesregierung – das ist manchmal auch angebracht.

»ZIVILISIERTER STREIT MACHT JA DIE DEMOKRATIE ERST RICHTIG SPANNEND.«

Es gibt ja sowohl EU-Richtlinien und Verordnungen als auch Bundesgesetze und die Bundespolitik, die sich auf das Leben in einem Bundesland auswirken – angefangen beim Länderfinanzausgleich bis hin zur Bewältigung der Flüchtlingskrise. Wie viel Macht haben denn ein Landesparlament und damit ein Ministerpräsident überhaupt?
Wer glaubt, ich sei der König von Baden-Württemberg und könnte bei uns im Land alles bestimmen, der liegt jedenfalls falsch. Wie viel Macht wir Landespolitiker haben, hängt im Föderalismus eben vom jeweiligen Politikfeld ab. Außenpolitik ist natürlich Bundessache. Und auch in bestimmten anderen Politikbereichen – wie etwa der Sozialpolitik – haben der Bund oder Europa mehr zu sagen als die Länder. Dafür gibt es aber auch Themen, bei denen wir als Land entscheiden: Bildungspolitik beispielsweise, oder Hochschulpolitik und innere Sicherheit. Alles in allem gibt es mehr als genug für uns zu tun, die Zuständigkeiten sind also ganz gut aufgeteilt.

Thema Föderalismus: Bei der Terrorabwehr zeigt sich, dass dadurch Sicherheitsrisiken entstehen. 16 Bundesländer haben 16 verschiedene Schulformen und Hochschulgesetze. Gibt es für den Föderalismus auch gute Gründe oder ist das nicht ein reines Hindernis in der Tagespolitik?

Ich bin erst mal ein echter Fan unserer föderalen Ordnung. Aber Sie haben recht: Wir sind der einzige föderale Staat auf der Welt, in dem der Föderalismus bei den Menschen unpopulär ist. Und das, obwohl es wirklich gute Gründe für den Föderalismus gibt. Es ist eben nicht der Weisheit letzter Schluss, wenn alle politischen Herausforderungen der ganzen Republik zentral von Berlin angegangen werden. Manche Probleme lassen sich viel besser lösen, wenn man die Bedürfnisse der Menschen vor Ort gut kennt. Genau diese Bürgernähe ist ein Vorteil des Föderalismus. Außerdem ist die Vielfalt an sich eine Stärke. So können etwa in der Bildungspolitik innovative neue Schulformen wie beispielsweise die Gemeinschaftsschule in einem Land gestartet werden – und wenn sie erfolgreich sind, übernehmen andere das Konzept. Auch hier gilt: Konkurrenz belebt das Geschäft. Gleichzeitig einigen sich die Länder ja gerade im Bildungsbereich auf gemeinsame Standards, damit ein Umzug kein schwerwiegendes Problem bedeutet. Außerdem sollten wir nicht vergessen, dass unser starker Föderalismus auch eine Lehre aus der Schreckensherrschaft des Nationalsozialismus ist. Die Machtverteilung zwischen Bund und Ländern dient eben auch als Schutzschild gegen autoritäre Bestrebungen und Machtmissbrauch.

»DIE MACHTVERTEILUNG ZWISCHEN BUND UND LÄNDERN DIENT EBEN AUCH ALS SCHUTZSCHILD GEGEN AUTORITÄRE BESTREBUNGEN UND MACHTMISSBRAUCH.«

Baden-Württemberg ist ein wirtschaftlich recht starkes Land und gilt als Heimat von Mercedes-Benz und Porsche als das Land der Autobauer. Das ist ja gar nicht so grün. Sitzen Sie da als ökologisch denkender Mensch nicht manchmal sehr zwischen den Stühlen: Wirtschaftsförderung auf der einen Seite, Ökologie auf der anderen?

Nein, als Grüner bin ich genau der richtige Ministerpräsident für so ein starkes Industrieland wie Baden-Württemberg. Denn wer, wenn nicht wir als führender Industrie- und Innovationsstandort, soll beweisen können, dass sich wirtschaftlicher Erfolg und Wohlstand mit Ökologie und Klimaschutz verbinden lassen? Und dass sich mit grünen Ideen schwarze Zahlen schreiben lassen? Fakt ist ja: Der Klimawandel ist die große Menschheitsfrage des 21. Jahrhunderts. Wenn es uns nicht gelingt, die globale Erwärmung aufzuhalten, wird unser Planet vor die Hunde gehen. Ich möchte deshalb Ökologie und Ökonomie verbinden. Die besten und umweltfreundlichsten Maschinen sollen eben aus Baden-Württemberg kommen und in aller Welt begehrt sein. Das abgasfreie Auto der Zukunft soll zum Beispiel bei uns hergestellt werden – der Umbau der Autoindustrie und das Erreichen nachhaltiger Mobilität sind ja große Herausforderungen für unsere gestaltende Politik! Deswegen hat meine Landesregierung auch als erste Landesregierung einen echten Autogipfel veranstaltet: Da saßen dann die Hersteller, die Zulieferer, die Wissenschaft, der ÖPNV, die Energiebranche und die Politik an einem Tisch und starteten einen wirklich konstruktiven Dialog. Ich kann mich auch gut an mein erstes Gespräch mit Daimler-Chef-Zetsche erinnern. Er sagte damals, sein Ziel sei »Zero-Emission«. Da habe ich geantwortet: »So kommen wir zusammen!«

Sie haben erst mit der SPD regiert, jetzt mit der CDU, nachdem Grün-Rot nicht mehr möglich war. Wie geht das eigentlich? Ist es denn völlig egal, mit wem man koaliert, solange man selbst der Chef ist?

Nein, es ist ganz gewiss nicht egal. Aber Politik ist eben auch kein Wunschkonzert. Wenn die Wählerinnen und Wähler entscheiden, dass die eigene Wunschkoalition keine Mehrheit hat, dann muss man sich selber entscheiden: Ducke ich mich weg? Oder nehme ich das Wählervotum an und übernehme Verantwortung für mein Land – auch wenn ich dafür eine Regierung bilden muss, die ich mir vorher so nicht gewünscht habe. Wir haben uns für die Verantwortung entschieden, auch wenn es erst mal ein Bündnis zweier recht unterschiedlicher Partner ist. Wir sind eben überzeugt, dass wir mit Grün-Schwarz viel Gutes erreichen können. Etwa für den Zusammenhalt unserer Gesellschaft, den Schutz von Klima und Natur oder eine innovative Wirtschaft.

»ABER POLITIK IST EBEN AUCH KEIN WUNSCHKONZERT.«

Wie muss man sich denn Koalitionsverhandlungen überhaupt vorstellen? Immerhin hat man sich ja im Wahlkampf ordentlich kritisiert, und jede Partei behauptet, das beste Rezept für das Land zu haben. Und nach dem Wahlabend sind alle wieder Freunde, und man bespricht in Ruhe, welche Lieblingsprojekte von wem umgesetzt werden? Das klingt jetzt erst mal seltsam.

Also Koalitionsverhandlungen sind definitiv nicht vergnügungssteuerpflichtig. Und zwar egal, ob man mit der SPD oder der CDU verhandelt. Aber natürlich waren die Gespräche mit der CDU insofern schwieriger, als wir uns im Wahlkampf gegenseitig wirklich nichts geschenkt hatten. Außerdem war es für die CDU, die ja bis 2011 über ein halbes Jahrhundert lang die Geschicke des Landes gelenkt hatte, nicht leicht, der kleinere Partner zu sein. Entsprechend ging es in den Koalitionsverhandlungen auch ordentlich zur Sache. Grüne und CDU haben intensiv miteinander verhandelt, um eine verlässliche Regierung hinzukriegen. Wir haben hart um die besten Lösungen gerungen, und jeder musste auch Federn lassen. Das ist nicht einfach, das nervt auch manchmal. Aber wenn man mit der Haltung in die Gespräche geht, dass auch der andere das Beste fürs Land möchte und auch mal Recht haben könnte, dann kann man auch gute Kompromisse erzielen. Und der Kompromiss ist nun mal der Normalfall in der Demokratie – auch wenn er nicht immer sexy ist.

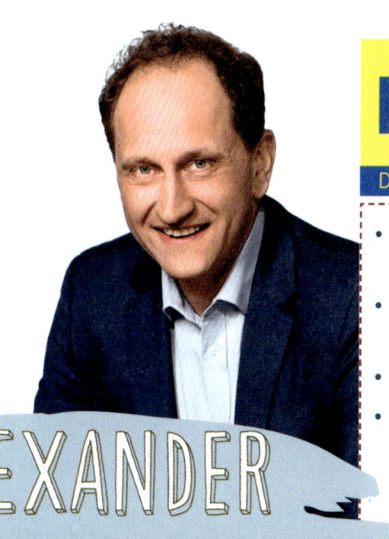

- Vizepräsident des Europäischen Parlaments
- Fan vom 1. FC Köln und von Tatort
- Gelernter Diplomat
- Trat 1987 in die FDP ein

ALEXANDER GRAF LAMBSDORFF

LeFloid: Sie sind einer von 14 Vizepräsidenten des Europäischen Parlaments – wozu braucht der Präsident des EU-Parlaments denn gleich 14 Stellvertreter und was machen Sie und Ihre Kollegen den ganzen Tag?

Lambsdorff: Der Präsident hat viel zu tun. Wenn er zu einer Veranstaltung eingeladen ist, selbst aber nicht hingehen kann, dann übernimmt das einer der Vizepräsidenten. Bei den großen Debatten im Parlament wechseln wir uns auch in der Sitzungsleitung ab. Außerdem haben wir jeweils eigene fachliche Zuständigkeiten, zum Beispiel IT oder Gebäudeplanung. Ich bin vor allem für Demokratieförderung und Menschenrechte zuständig. Und dann arbeite ich ja auch noch wie ein normaler Abgeordneter in meinem Ausschuss mit. Glauben Sie mir, ich habe alle Hände voll zu tun.

»ICH HABE ALLE HÄNDE VOLL ZU TUN.«

Wie kann eigentlich jemand Vizepräsident des Europaparlaments sein, dessen Partei gar nicht im Bundestag vertreten ist?

Das eine hat mit dem anderen gar nichts zu tun, das sind ja unterschiedliche Parlamente. Im Europäischen Parlament ist die FDP mit drei Abgeordneten vertreten, ebenso wie in den meisten deutschen Landesparlamenten. Und in Europa sind die Liberalen ohnehin sehr stark repräsentiert. Schließlich gibt es sieben liberale Regierungschefs und fünf liberale EU-Kommissare. Ab September wollen wir dann auch wieder im Deutschen Bundestag mitmischen.

Die Wahlbeteiligung bei Europawahlen war ja schon immer ziemlich gering. 2014 lag diese europaweit nur bei 42,5%. Warum ist das so und was tun Sie dagegen?
Als Antwort erzähle ich Ihnen eine Anekdote. Bei einer Veranstaltung in Köln wurde ich gefragt, ob ich extra aus Brüssel angereist sei. Ich sagte, nein, aus Berlin. Und die Antwort war: Dann hatten Sie es ja nicht so weit. Was für ein Quatsch: Berlin ist doppelt so weit weg von Köln wie Brüssel. Das zeigt aber, dass Europa psychologisch weiter weg ist. Außer den Europa-Abgeordneten bemüht sich auch niemand, das komplizierte System der EU zu erklären. Was in Berlin passiert, ist meistens genauso kompliziert, wird aber besser erklärt. Das wirkt sich natürlich auf die Wahlbeteiligung aus. Eine meiner Aufgaben ist es daher, den Menschen auf Veranstaltungen oder in Interviews europäische Politik näherzubringen.

Wie erklären Sie sich den Auftrieb von EU-Gegnern und Nationalisten wie Marine Le Pen, Geert Wilders, der UKIP oder AfD, die ja auch viele Nicht-Wähler ansprechen, und wie kann man dem entgegenwirken?
Es ist so viel gleichzeitig los, dass Menschen fast überall verunsichert sind. Globalisierung, Digitalisierung, Flüchtlingskrise, überall stellen sich neue Fragen. Auch in Amerika: Trump ist ja nicht gewählt worden, weil seine Anhänger unzufrieden mit der EU waren. Er ist gewählt worden, weil er nationalistische Parolen gedroschen (»America is Number One«) und so getan hat, als ob man sich ohne Handel und mit einer Mauer zu Mexiko von allen Problemen abmelden kann. Das tun die Populisten hier auch: Anti-EU heißt, gegen Ausländer und gegen freien

Handel zu sein und gleichzeitig nationalistische Sprüche zu klopfen. Aber Populisten haben nie Lösungen parat, sondern immer nur hohle Phrasen. Die demokratischen Parteien müssen da klare Kante zeigen und echte Lösungen anbieten. Gute Beispiele dafür sind Mark Rutte in den Niederlanden und Emanuel Macron in Frankreich – beide haben sich mit pro-europäischen, zukunftsorientierten und marktwirtschaftlichen Programmen klar gegen die Populisten durchgesetzt.

> »POPULISTEN HABEN NIE LÖSUNGEN PARAT, SONDERN IMMER NUR HOHLE PHRASEN.«

Europakritiker zitieren gerne unsinnige EU-Vorschriften. Ein Klassiker war die sogenannte »Gurkenverordnung«, die vorschrieb, dass Salatgurken auf zehn Zentimeter nur einen Zentimeter gekrümmt sein dürfen. Erstens: Wer misst so was denn aus und zweitens: Gibt es nicht viel wichtigere Themen?
(lacht) Für das Thema haben Sie aber ganz tief in der staubigen Gurkenkiste gekramt. Tatsächlich ging es in der »Handelsklassenverordnung« von 1988 um eine Einteilung von Obst und Gemüse in Qualitätsstufen. Das wollte gar nicht Brüssel, das wollten die Händler selber – die haben extra darum gebeten. Dann geriet die Verordnung als Bürokratismus in Verruf und wurde 2009 offiziell wieder abgeschafft. Aber die Handelsklassen bestehen inoffiziell weiter, weil sie einfach praktisch sind. Ein echter Irrsinn! Aber eigentlich gibt es Themen, die viel wichtiger sind und wo wir mehr Europa brauchen: die Zusammenarbeit in der Sicherheits- und Verteidigungspolitik zum Beispiel, oder auch der digitale Binnenmarkt.

Darüber hinaus wird die EU oft für ihre Intransparenz und ihr Demokratiedefizit kritisiert. Es gibt keine gewählte »EU-Regierung«, und bei Themen wie zum Beispiel der Verteilung der Lasten der Flüchtlingskrise dominieren oft nationale Interessen. Warum unternimmt die EU nichts gegen die Kritik?

Na ja, nehmen Sie zum Beispiel das Glühbirnen-Verbot. Wegen der Ökodesignrichtlinie durften das reine Expertengremien beschließen. In diesem Fall trifft der Vorwurf zu, dass die Entscheidungen in Brüssel wenig transparent sind. Meine Erfahrung ist: je häufiger das Parlament eingebunden wird, desto besser und transparenter werden die Beschlüsse. Wir Freien Demokraten wollen daher mehr Entscheidungen im Parlament und weniger in den Expertengruppen sehen.

Wie verhält sich das denn bei Ihnen, wenn Sie im Europaparlament diskutieren oder abstimmen – haben Sie mehr das europäische Gemeinwohl oder deutsche Interessen im Sinn?
Mal so, mal so. Idealerweise sollte das eine das andere nicht ausschließen, schließlich profitiert die EU von einem starken Deutschland und umgekehrt. Die EU ist ein ständiger Ausgleich von Interessen der nationalen und europäischen Ebenen. Genau das spiegelt sich auch in meiner täglichen Arbeit wider.

Gerade Griechenland beschwert sich ja darüber, dass die EU ihnen vorschreibt, welche Reformen sie umsetzen müssen. Diese Diskussion beschreibt sehr gut das Dilemma der EU: Wie viel Macht soll die EU bekommen und wie viel Souveränität soll bei den einzelnen Staaten verbleiben. Wie sehen Sie das?
Demokratische Entscheidungen sollen möglichst nah am Bürger und damit immer auf der niedrigsten politischen Ebene getroffen werden, die für die Entscheidung sinnvoll ist. Die EU soll den verbindlichen Rahmen vorgeben, aber nicht, was die Bürgerinnen und Bürger sich zu Hause in die Lampenfassung schrauben oder wie laut ihr Staubsauger ist. Europa soll aber die Entscheidungen treffen, die einen großen europäischen Mehrwert haben: ein funktionierender Binnenmarkt, gemeinsame Außenpolitik, eine europaweite Energiepolitik und eine gemeinsame

»DEMOKRATISCHE ENTSCHEIDUNGEN SOLLTEN MÖGLICHST NAH AM BÜRGER GETROFFEN WERDEN.«

Handelspolitik. Bei Griechenland ist die Sache glasklar: Die Hilfen für Griechenland kommen von den Mitgliedsstaaten und der EU. Es ist deshalb nur folgerichtig, dass man dann auch mitentscheiden kann, wie diese Mittel eingesetzt werden.

Halten Sie eine Entwicklung zu den »Vereinigten Staaten von Europa« eigentlich für erstrebenswert und wie würden sich diese von der jetzigen EU unterscheiden?
Die Vision eines europäischen Bundesstaates ist im Programm der FDP fest verankert. Das finde ich auch richtig so. Und hierfür wären die Länder der Eurozone die geeignete Kerngruppe, die damit beginnen könnten. Bundeskanzlerin Merkel fordert hingegen nur zwischenstaatlichen Dialog, um die Krisen zu lösen. So eine Art permanenten »Wiener Kongress«, wo die Beamten aus den Staatskanzleien miteinander telefonieren und Deals ausmachen. Das funktioniert aber nicht, wie wir in den letzten Jahren sehen konnten. Wir haben in Europa allerdings ein Problem: In der Finanz- und Wirtschaftspolitik dürften die leistungsstärkeren Länder in einem möglichen Bundestaat nicht runtergezogen werden. Bevor wir also über eine weitere Vertiefung nachdenken können, brauchen wir einen Konsens für eine auf Wettbewerbsfähigkeit ausgerichtete Wirtschaftspolitik. Das ist ein Punkt, über den man zum Beispiel mit Franzosen und Italienern reden müsste.

Die Briten haben sich mit dem Brexit ja eindrucksvoll gegen die EU entschieden. Was hat Ihrer Meinung nach dazu geführt und was bedeutet das für den Rest der EU?
In Großbritannien war die Begeisterung für die EU noch nie besonders groß. Wenn dann eine Lügenkampagne wie von der UKIP dazukommt, macht es das den EU-Freunden nicht einfacher. Zudem fand die Abstimmung auf dem Höhepunkt der Flüchtlingskrise statt. Die Grenzöffnung der Bundeskanzlerin und der unkontrollierte Zustrom von Flüchtlingen haben zu erheblicher Verunsicherung in der britischen Bevölkerung geführt und am Ende wohl den Ausschlag gegeben. Jetzt gilt es, bei den Verhandlungen den Schaden für die Wirtschaft auf beiden Seiten des Kanals zu minimieren. Zahlreiche deutsche Unter-

»IN GROSSBRITANNIEN WAR DIE BEGEISTERUNG FÜR DIE EU NOCH NIE BESONDERS GROSS.«

nehmen unterhalten Produktionsstätten in Großbritannien. Sie würden durch Zölle und Handelsbarrieren hart getroffen werden. Allerdings bietet der Brexit auch die Chance für die EU, sich grundlegend zu reformieren. Gerade auf dem Gebiet der inneren und äußeren Sicherheit war Großbritannien eher Hemmschuh als Antreiber. Hier können sich jetzt Möglichkeiten bieten, konkrete Verbesserungen zu erreichen.

Ein Beitrittskandidat in die EU ist seit fünfzehn Jahren die Türkei. Inzwischen fordern viele – auch Sie – den Abbruch der Verhandlungen. Ist das denn der »bessere« Weg, um in der Türkei Demokratie, Menschenrechte und Presse- und Meinungsfreiheit zu fördern?
Die Türkei ist ein wichtiges Nachbarland der EU, ein verlässlicher Nato-Partner und verdient es, dass man sie mit Respekt behandelt. Aber Presse-, Meinungs- und Versammlungsfreiheit sind von der Regierung Erdogan radikal eingeschränkt worden. Das Land ist nicht demokratisch und kann der EU nicht beitreten, in Wahrheit will es das auch gar nicht. Deshalb tritt die FDP dafür ein, die Beitrittsgespräche zu beenden. Das heißt nicht, dass wir die Brücken zur Türkei abbrechen wollen. Unser Ziel ist es, gemeinsam eine neue Form der wirtschaftlichen, politischen und kulturellen Zusammenarbeit zu finden, die frei ist von leeren Versprechungen und gegenseitigen Beschimpfungen.

Oft heißt es ja, die Welt sei aus den Fugen geraten. Syrien, IS, Trump, Erdogan und Putin dominieren zum Teil seit Jahren die Nachrichtenlage. Sind das tatsächlich mehr Krisenherde als früher oder kommt uns das nur so vor?
Wenn man sich Europas Nachbarschaft anschaut, ist die Lage schon dramatisch, dort gibt es zahlreiche massive Konflikte, ja sogar Kriege. Im EU-Nachbarland Ukraine sind seit Beginn der Auseinandersetzung mit Russland mehr als 10.000 junge Menschen in Kämpfen ums Leben

gekommen, in Syrien herrscht seit über fünf Jahren Bürgerkrieg, und in Libyen haben wir es mittlerweile mit einem gescheiterten Staat zu tun. Diese Situation kann kein europäisches Land alleine bewältigen, auch nicht Deutschland. Gerade deswegen ist eine gemeinsame EU-Außen- und Sicherheitspolitik dringender und wichtiger, denn je.

- Bundesvorsitzender der Freien Demokraten
- Vorsitzender der Landtagsfraktion und des Landtages NRW
- Lieblingsthema neben der Politik: alles, was mit schnellen Autos zu tun hat

CHRISTIAN LINDNER

LeFloid: Was ist eigentlich genau Ihre Aufgabe? Beschreiben Sie doch mal Ihren Alltag in zwei Sätzen.
Lindner: Ich reise viel durch das Land. Ich treffe Menschen mit Ideen oder Sorgen. Wir machen uns Gedanken, mit welchen Projekten unser Land zum Beispiel bei der Bildung 2030 besser ist als heute. Und für diese Projekte werbe ich dann bei vielen Veranstaltungen.

Sie sind ja auch viel in den sozialen Netzwerken unterwegs: Wie würden Sie Ihre Rolle in der FDP in einem Tweet zusammenfassen?
Die FDP arbeitet in einem Team – und ich bin der Kapitän.

Was ist das Schwierigste an Ihrem Job als Bundesvorsitzender der FDP?

»UNS FEHLT DAS PARLAMENT ALS GROSSE BÜHNE.«

Wir sind ja aktuell außerparlamentarische Opposition. Wir können also im Bundestag keinen Einfluss nehmen, und uns fehlt das Parlament als große Bühne, auf der wir für unsere Ideen werben können. Die größte

Herausforderung ist also, dass ich möglichst viele Menschen erreiche bei Veranstaltungen, in sozialen Medien oder dem Fernsehen.

Gibt es Themen, die Sie als Parteivorsitzender vertreten müssen, aber persönlich ganz anderer Meinung sind, und wenn ja, welche sind das?
Ich bin der FDP beigetreten, als ich ein junger Mann war, weil die Grundhaltung dieser Partei auch zu meinem Lebensgefühl passt: Dinge gerne anpacken, etwas auf die Beine stellen – und vor allem die Überzeugung, dass die besten Tage noch vor einem liegen, wenn man die Weichen richtig stellt. Die FDP ist die Partei der Freiheit, der Marktwirtschaft, des wehrhaften Rechtsstaats und einer weltoffenen Gesellschaft. All das verbindet uns 55.000 Freie Demokraten. Ich war schon längere Zeit dafür, dass man die Aufteilung der Bildungspolitik auf 16 Bundesländer angehen müsste. Wir brauchen da mehr Engagement vom Bund. Dafür habe ich in meiner Partei lange kämpfen müssen.

Die Positionen einer Partei, aber auch Ihre persönliche Haltung zu bestimmten Themen ändert sich ja mal im Laufe der Zeit, beispielsweise in der Flüchtlingskrise. Wie vermitteln Sie solche Meinungsänderungen glaubhaft Ihren Wählen?
Hans-Dietrich Genscher hat gesagt: Jeder ist Kind seiner Zeit. Und damit hat er recht. Denn das heißt: Unsere Welt steht nicht still, sondern ändert sich. Und deswegen muss man auch die eigene Meinung immer kritisch hinterfragen und sich prüfen. Ihren Eindruck, dass wir bei der Flüchtlingskrise unsere Meinung geändert hätten, teile ich aber nicht. Wir haben von Anfang an davor gewarnt, dass die Bundesregierung Regeln außer Kraft setzt und dass wir eine klare Ordnung brauchen, wer zu uns kommen und bleiben kann. Wir wollen Menschen in Not helfen. Aber wenn das alte Herkunftsland befriedet ist, muss eine Rückkehr die Regel sein.

> »JEDES MITGLIED UNSERER PARTEI KANN AN DEM PROGRAMM MITARBEITEN.«

Wie findet eine Partei eigentlich zu ihrem Parteiprogramm und wie stark können Sie als Parteivorsitzender das überhaupt bestimmen?
Jedes Mitglied unserer Partei kann an dem Programm mitarbeiten. Vor Ort, online und auf Parteitagen oder in Fachgremien. Das nutzen auch sehr viele unserer Mitglieder – und wir brauchen auch ihre Ideen. Letztendlich entscheidet ein Parteitag über das Programm. Da habe ich eine Stimme, so wie jeder andere Delegierte auch. Aber als Bundesvorsitzender bringe ich mich natürlich in die Erarbeitung des Programms und die Debatten intensiv ein.

Sie sind Bundesvorsitzender und Spitzenkandidat der FDP, Mitglied des Landtages in Nordrhein-Westfalen, Vorsitzender des Landesverbandes und der Landtagsfraktion der FDP in Nordrhein-Westfalen – wie bekommt man das alles unter einen Hut?
Durch sehr viel Arbeit. Aber so was kann man nur machen, wenn man es auch wirklich will. Das sind ja alles Herausforderungen, die man mit Leidenschaft angeht. Das macht Freude und ist keine Last. Ich war in jüngeren Jahren ja auch Gründer und Unternehmer. Heute mache ich das, was mir noch mehr gibt: für meine politischen Grundüberzeugungen zu kämpfen und möglichst viele andere Menschen für die Idee der Freiheit zu begeistern. Aber klar ist auch: Die Rolle in NRW werde ich abgeben, sobald die FDP wieder im Bundestag ist. Dann konzentriere ich mich ganz auf die Aufgabe in Berlin.

Die ganzen Gesetze klingen immer so kompliziert. Warum machen Sie und Ihre Politikerkollegen das denn nicht so, dass das auch normale Leute verstehen?
Viele Gesetze sind gut gemeint, aber nicht gut gemacht. Die müssen natürlich höchst präzise sein, damit es keine Schlupflöcher gibt und sie präzise angewandt werden können. Das Problem ist ja nicht nur, dass Gesetze schwer verständlich sind, sondern dass wir viel zu viele Gesetze haben. Ich will einen

»VIELE GESETZE SIND GUT GEMEINT, ABER NICHT GUT GEMACHT.«

schlanken Staat, der sich auf seine Kernaufgaben konzentriert und die Bürger im Alltag in Ruhe, aber bei den großen Lebensrisiken nicht im Stich lässt.

Ist Parteiarbeit nicht sehr langweilig mit ewigen Sitzungen und Beratungen, bei denen am Ende kaum etwas rauskommt?
Die Gremienarbeit ist natürlich Teil des Geschäfts und wichtig. Ich finde auch nicht, dass dabei nichts herauskommt. Im Gegenteil. Aber klar, wenn man über Ernsthaftes entscheidet, dann muss man genau abwägen. Das dauert. Und man muss dann auch Verständnis für Gegenargumente haben.

Und ist es eigentlich nicht entmutigend, Oppositionsarbeit zu machen? So richtig bewegen kann man da ja auch nichts …
Deswegen wollen wir auch regieren. Wir wollen unser Land verändern und besser machen, keine Frage. Aber jede Regierung braucht eine Opposition, die sie kontrolliert. Diese Aufgabe ist nicht weniger wichtig. Denn wenn man nicht regiert, muss man seine besseren oder mindestens alternativen Ideen im Parlament vortragen. Und eine Regierung damit jagen.

Welche Mittel hat man denn alles in der außerparlamentarischen Opposition, um Politik zu machen?
Letztlich hat man alle Möglichkeiten, wie eine Opposition im Parlament auch – man darf nur nicht im Parlament sprechen und abstimmen. Aber natürlich spreche ich bei Kongressen, gebe Interviews, wir erarbeiten Papiere und Positionen. Aber der Einfluss im Parlament ist natürlich das Wichtigste – und das fehlt uns noch.

Halten Sie die Fünfprozenthürde eigentlich weiterhin für eine gute Idee?
Ja, sie schützt davor, dass unser Parlament zu sehr zersplittert. Und da ich ja ahne, dass Sie das natürlich mit Blick auf die FDP fragen: Die

»DIE NIEDERLAGE UNSERER PARTEI 2013 WAR SCHMERZHAFT.«

Niederlage für unsere Partei 2013 war schmerzhaft. Aber den Neustart, den uns die Wähler verordnet haben, haben wir angenommen. Die FDP ist heute eine andere Partei.

Was sollte ein Erstwähler denn alles wissen, bevor er wählen geht?
Alle Parteien sind bei Facebook, twittern viel, haben ganz gute Websites. Dazu gibt es Angebote wie den Wahl-O-Mat – es war noch nie so einfach wie heute, sich zumindest einen ersten Überblick über die Aussagen und Grundhaltungen der Parteien zu verschaffen. Das sollte man nutzen!

Was passiert eigentlich, wenn FDP und AfD in den Bundestag einziehen – wird es dann im Reichstagsgebäude nicht eng?
Nur weil die FDP in den Bundestag einzieht, wird der ja nicht unbedingt größer, sondern die anderen Parteien haben einige Sitze weniger. Sie können also völlig unbesorgt die FDP wählen. Entscheidend ist für mich, dass der Bundestag wieder stellvertretend für die Menschen debattieren kann. Das konnte er die letzten vier Jahre nicht. Denn es regierte eine Große Koalition, die nur von links angegriffen wurde. Eine Stimme der Vernunft aus der Mitte gab es nicht.

CDU

- Mitglied des Bundestages
- Bundesminister des Innern
- Muss leider sehr viele Akten lesen

THOMAS DE MAIZIÈRE

LeFloid: Sie waren Kanzleramtsminister, dann Innenminister, dann Verteidigungsminister und jetzt wieder Innenminister – können Sie einfach mehr als andere Bundesminister?

de Maizière: Nein. Tatsächlich hatte ich aber das Glück, im Laufe der Zeit in unterschiedlichsten Bereichen Verantwortung übernehmen zu dürfen. Ich bin dadurch sicher ein Generalist geworden, wenn ich es nicht vorher schon war. Auch bei der Lösung von fachlichen Einzelfragen ist das immer hilfreich. Man muss den Blick über den Tellerrand weiten, die Zusammenhänge zwischen verschiedenen Themen erkennen, um zu vernünftigen Antworten zu kommen. Und alle meine Aufgaben als Bundesminister haben viel mit dem Thema Sicherheit zu tun.

Muss und kann ein Minister in seinem Fachbereich eigentlich alles wissen? Und wie geht das, wenn Sie ja schon oft auch andere Fachbereiche verantwortet haben?

Nein, ein Minister muss und sollte nicht jedes Detail wissen. Minister sollten nicht die besten Sachbearbeiter sein. Bei den Mitarbeitern liegt ein enormes Fachwissen, und es gibt zu Recht eine gestufte Verantwortung. Aber die wirklich wesentlichen Dinge der besonders bedeutsamen Vorhaben in einem Ministerium muss ein Minister schon kennen, um Entscheidungen auf der richtigen Grundlage treffen zu können. Bei Verhandlungen mit anderen Ministerien, den Ländern und unseren Partnern im Ausland muss man sich gut auskennen, um gute Ergebnisse erzielen zu können. Die Strukturen und Arbeitsabläufe sind in unterschiedlichen Ministerien vergleichbar und: Erfahrung hilft.

Was machen Sie denn eigentlich den ganzen Tag als Bundesinnenminister? Gibt es einen geregelten Arbeitstag oder ist alles jeden Tag anders?

> »INNENPOLITIK IST LÄNGST KEINE REIN NATIONALE ANGELEGENHEIT MEHR.«

Natürlich habe ich als Minister einen Terminkalender, aus dem sich ergibt, welche Termine geplant sind und das schon Wochen und Monate im Voraus. Dabei sind heute viel mehr internationale Termine dabei als noch vor wenigen Jahren. Innenpolitik ist längst keine rein nationale Angelegenheit mehr. Außerdem muss ich mich bei internen Terminen mit meinen Mitarbeiterinnen und Mitarbeitern immer wieder auf den allerletzten Stand bringen, mit der Personalvertretung sprechen oder gerne Beförderungsurkunden überreichen. Ich muss aber auch über meine Arbeit und ihre Ergebnisse berichten: Parlamentarier müssen überzeugt werden, um meine Vorschläge auch im Parlament zu unterstützen, und ich muss auch öffentlich über meine Arbeit sprechen, wenn ich eine Rede halte oder ein Interview gebe wie dieses hier. Akten lesen gehört auch dazu, leider sehr viele …

Aber: Bei aller guten Planung lässt sich ein Tagesablauf nie zu einhundert Prozent vorhersagen. Oft genug gibt es aktuelle Entwicklungen, die man nicht planen kann, viel zu oft auch solche, die ich mir nicht wünsche. Wenn ein Anschlag passiert, können Sie den Terminkalender für diesen Tag in den Mülleimer werfen – dann läuft alles anders als geplant.

Wie kann man sich Ihr Arbeitsverhältnis mit Frau Merkel vorstellen? Ist sie quasi Ihr Chef und gibt Ihnen entsprechend Aufgaben oder gehen Sie mit Vorschlägen zur Bundeskanzlerin und holen sich ihre Meinung dazu ein? Und was machen Sie bei Meinungsverschiedenheiten?

> »WENN EIN ANSCHLAG PASSIERT, KÖNNEN SIE DEN TERMINKALENDER FÜR DIESEN TAG IN DEN MÜLLEIMER WERFEN.«

Ein Minister ist Chef seines Ressorts und arbeitet eigenständig an seinen Aufgaben. Aber natürlich gibt es Vorhaben und Entscheidungen, die so wichtig sind, dass sie über den Bereich eines Ministeriums hinausreichen. Solche Themen bespreche ich natürlich auch regelmäßig mit der Bundeskanzlerin. Wir kennen uns, wie Sie sicher wissen, schon sehr lange und können die Meinung des jeweils anderen inzwischen recht gut einschätzen, und wir vertrauen uns. Mehr will ich zu meinen Gesprächen mit der Bundeskanzlerin gar nicht sagen, denn zu einem vertrauensvollen Verhältnis gehört dazu, dass nicht alles öffentlich gemacht wird, was in einem solchen Verhältnis besprochen wird.

Wie schwer fällt es Ihnen, Entscheidungen zu treffen, die andere Menschen klar benachteiligen? Gerade als Verteidigungsminister hatten Sie ja sicherlich nicht nur bequeme Entscheidungen zu treffen, wie zum Beispiel die Entsendung von unseren Soldaten in Krisenregionen.

Ich fälle meine Entscheidungen auf der Grundlage von Recht und Gesetz, und dazu gehört auch der allgemeine Gleichbehandlungsgrundsatz unserer Verfassung. Eine unterschiedliche Behandlung von Personen kommt nur in Betracht, wenn es gute und sachlich nachvollziehbare Gründe dafür gibt. Es geht also nicht um Benachteiligungen, wonach Sie fragen, sondern ich habe auch schwere Entscheidungen zu verantworten, die gewaltige Auswirkungen haben können: Wenn es zum Beispiel Anschlagsdrohungen gibt und ich entscheiden muss: Ist das jetzt ernst zu nehmen oder nicht? Sagen wir ein Fußballspiel ab oder nicht? Dann ist das natürlich nicht bequem oder einfach. Ich trage die Verantwortung auch dann unterm Strich aber gern, nicht zuletzt, weil ich gute Mitarbeiterinnen und Mitarbeiter sowie hervorragende Sicherheitsbehörden habe, auf deren Beratung ich mich stützen kann.

Jedes Jahr bekommen die Ministerien ja ein entsprechendes Budget nach der Haushaltsplanung. Was passiert, wenn Ihr Geld mal nicht ausreicht, beispielsweise für Integrationsprojekte oder bei unvorhergesehenen Ereignissen wie z.B. Naturkatastrophen?
Wir versuchen, unseren Finanzbedarf so gut wie möglich zu planen und mit dem Finanzminister und dem Bundestag so gut zu verhandeln, wie es geht. In den letzten Jahren war das BMI damit auch sehr erfolgreich, und mit unseren gewachsenen Aufgaben ging auch eine ganz deutliche Budgeterhöhung einher. Vor allem ist es gelungen, die Sicherheitsbehörden, also Bundespolizei, Bundeskriminalamt und Bundesamt für Verfassungsschutz, massiv mit neuen Stellen und sogenannten Sachmitteln zu verstärken.

Aber natürlich kann es auch mal passieren, dass trotz bester Planung Geld für Dinge beschafft werden muss, die vorher niemand absehen konnte. Dann muss man mit dem Finanzminister notfalls auch einmal über sogenannte außer- oder überplanmäßige Ausgaben sprechen. Weil sich in Deutschland in den letzten Jahren aber auch die Einnahmen sehr gut entwickelt haben, haben wir das am Ende zuletzt immer sehr gut zusammen hinbekommen.

Wie lange dauert es eigentlich, bis ein Gesetz komplett fertig ist, von der ersten Idee an?
Das ist sehr unterschiedlich und hängt von der Komplexität der Materie, vom Grad des politischen Interesses und von der Dringlichkeit eines Vorhabens ab. Gerade in dieser Legislaturperiode haben wir es vom ersten Strich bis zur Verkündung in einigen Fällen in ganz wenigen Wochen geschafft. Es gibt aber natürlich auch Vorhaben, die ein Jahr und zum Teil auch noch deutlich länger dauern.

Und wer schreibt überhaupt die Gesetze, über die
der Bundestag dann abstimmt? Oft liest man ja,
dass Lobbyisten da mitschreiben.

Im Bundesinnenministerium werden Gesetzentwürfe von unseren Mitarbeiterinnen und Mitarbeitern geschrieben. Dann folgt die Abstimmung mit den anderen Ministerien, deren Interessen und deren Kompetenz auch einbezogen werden muss. Es gibt auch eine Beteiligung von Ländern und Verbänden im Sinne einer Anhörung, damit diejenigen, die ein Gesetz umsetzen müssen oder davon stark betroffen sind, ihre Meinung dazu sagen können. Die Qualität des Gesetzes und seine Praxistauglichkeit können davon profitieren. Entscheidend bleibt aber in jedem Fall unsere Einschätzung. Bei uns ist die Expertise vorhanden, und ich als Minister trage die politische Verantwortung für »meinen« Gesetzentwurf.

- Bundesvorsitzende/ Landesvorsitzende der AfD in Sachsen

FRAUKE PETRY

!!!

Trotz mehrerer Anfragen, stand Frau Petry leider nicht für ein Interview zur Verfügung. Die Fragen, die wir ihr gestellt hätten, wollen wir euch aber nicht vorenthalten.

LeFloid: Auch die Piratenpartei wurde als neue Protestpartei gehyped und hatte nach einem schnellen Aufstieg auch wieder einen schnellen Abstieg. Ist das bei der AfD nicht auch vorprogrammiert?
Petry: ...

Fast alle Parteien haben ja einen thematischen Kern oder historische Werte wie z.B. die Sozialdemokratie der SPD, die Freiheit der FDP oder das Umweltbewusstsein bei den Grünen. Was sind denn die Werte der AfD?
...

In der Politik hört man ja immer von Machtspielchen, und selbst Barack Obama soll ja großer Fan der Polit-

Serie »House of Cards« sein. Wie sehr trifft die Serie
die Machtpolitik in der AfD?
...

Was bedeutet für Sie persönlich eigentlich »deutsche
Leitkultur«? Und wie sollte sich das Ihrer Meinung
nach im Alltag manifestieren? Jeden Tag Schnitzel,
Bier und Sauerkraut?
...

Guido Westerwelle (ehemaliger Außenminister) war
schwul, Barbara Hendricks (Umweltministerin) ist les-
bisch, Philipp Rösler (ehemaliger Wirtschaftsminister)
hat vietnamesische Wurzeln, Aydan Özoguz (Staatsminis-
terin für Migration, Flüchtlinge und Integration) hat
türkische Eltern. Alle sind verheiratet oder leben in
eingetragenen Partnerschaften. Die AfD hingegen vertritt die These, dass nur traditionelle Familienformen
staatliche Förderungen erhalten sollen. Wie sieht denn
für Sie die perfekte deutsche Familie aus?
...

Wie sehen Sie eigentlich die Rolle Deutschlands in der
EU und der Welt?
...

Sie arbeiten auf europäischer Ebene ja mit anderen
Rechtspopulisten wie Marine Le Pen vom Front National
oder Geert Wilders aus den Niederlanden zusammen. Wieso arbeiten Sie mit Menschen zusammen, die die internationale Zusammenarbeit stark einschränken wollen?
...

Politik lebt ja auch immer von Symbolen und Sinn-
bildern. Gerade Sie und die AfD gehen mit Symbolen,

Redewendungen oder Begriffen – zum Beispiel dem Wort »völkisch« – aus der NS-Zeit zum Teil sehr unbedarft um. Wieso?

...

Die AfD gilt als populistische Partei, und Populismus ist ja ein negativ behafteter Begriff. Stört Sie das und wenn ja, warum ändern Sie nicht etwas an dem Politikstil der AfD?

...

Warum glauben Sie, schließt jede andere Partei kategorisch eine Koalition mit der AfD aus? Sehen Sie den Fehler bei Ihnen oder bei den anderen Parteien?

...

Außer Ihnen ist vielleicht noch Beatrix von Storch als AfD-Politikerin bekannt, die AfD hat ungefähr 85 % männliche Mitglieder – so viel wie kaum eine andere deutsche Partei. Wieso ist das so?

...

Und wie fühlt man sich eigentlich als Frau in einer von Männern dominierten Partei und vor allem: Wie kommt man denn da an die Spitze?

...

Haben Sie weibliche Stärken oder vielleicht auch Schwächen gegenüber Ihren Parteikollegen?

...

PETER TAUBER

CDU

- Mitglied des Bundestages
- Generalsekretär
- Reserveroffizier
- Fan von den Toten Hosen

LeFloid: Was macht man als Generalsekretär eigentlich den ganzen Tag?

Tauber: Als Generalsekretär ist man im Prinzip Mädchen für alles: Ich unterstütze die Parteivorsitzende bei der Erfüllung ihrer Aufgaben, bin Chef der Parteizentrale, kümmere mich um unsere politische Strategie, leite die bundesweiten Wahlkämpfe, halte Kontakt zu den gesellschaftlich relevanten Gruppen. Was mir aber ganz wichtig ist: Dass ich nicht nur in Berlin bin, sondern vor allem auch an der Basis, also in den Kreis- und Ortsverbänden sowie bei unseren Vereinigungen wie der Jungen Union, der Senioren-Union oder der Frauen-Union. Und das wird im Bundestagswahlkampf nochmals wichtiger werden.

> »ALS GENERALSEKRETÄR IST MAN IM PRINZIP MÄDCHEN FÜR ALLES.«

Wieso heißt das überhaupt Generalsekretär? Gibt es noch andere Sekretäre in der CDU?

Der Begriff Generalsekretär ist ein historisch gewachsener Begriff. Manche meinen, er käme vom lateinischen »Secretarius«, also dem

Geheimnisbewahrer. Und die Minister in den USA heißen ja auch »Secretary of ...«

```
Sie sind ja auch verantwortlich für den Wahlkampf der
CDU. Macht es eigentlich Spaß, den politischen Gegner
zu attackieren?
```
Na ja, es gehört schon Spaß an der politischen Diskussion zu meinem Job. Wenn wir uns gegenseitig in der Politik attackieren, dann ja meistens nicht, weil wir den anderen für einen schlechten Menschen halten, sondern weil wir überzeugt sind, dass unserer Partei die besseren Argumente hat. Wir sind politische Konkurrenten, keine Feinde. Da können wir auf unsere politische Kultur auch sehr stolz sein.

```
Was hat es eigentlich mit den berühmten Wahlkampf-
versprechen auf sich? Im Wahlkampf gibt es von jeder
Partei beinahe täglich neue Forderungen, nach dem
Wahlabend ist man aber in der Realität angekommen.
Warum machen Parteien das überhaupt?
```
Wenn die Bürgerinnen und Bürger eine Wahlentscheidung treffen sollen, müssen wir Politiker ihnen vorher sagen, warum sie gerade uns wählen sollten. Nach der Wahl ist aber selten nur eine Partei in der Regierung. In den allermeisten Fällen wird eine Koalition aus zwei oder mehr Parteien gebildet. Die müssen sich dann zusammensetzen und abklären, welche ihrer jeweiligen Ziele sie umsetzen können. So kommt es manchmal dazu, dass Forderungen nicht von der Regierung umgesetzt werden, die eine der Regierungsparteien im Wahlkampf aufgestellt hatte. Außerdem passieren ja auch immer wieder Dinge, die gar nicht absehbar waren – und dann muss man als Regierung darauf reagieren. Für die CDU kann ich aber klar sagen: Die zentralen Versprechen unseres letzten Wahlkampfes – keine neuen Schulden, keine Steuererhöhungen, die Verbesserung der Mütterrente, die Stärkung der Pflege sowie deutlich mehr Investitionen in Bildung, Verkehr und schnelles Internet – haben wir alle umgesetzt.

Angela Merkel ist jetzt schon seit fast zwölf Jahren Bundeskanzlerin – US-Präsidenten hingegen dürfen maximal acht Jahre an der Macht bleiben. Welches Modell finden Sie eigentlich besser?

Angela Merkel ist die beliebteste Politikerin in unserem Land. Die Menschen vertrauen ihr und trauen ihr zu, unser Land weiter in eine gute Zukunft zu führen. Sie ist nach wie vor sehr neugierig auf Neues. Warum soll sie dann nicht wieder antreten? Außerdem wählen wir ja nicht die Bundeskanzlerin, sondern zunächst die Parteien und ihre Programme.

»ANGELA MERKEL IST DIE BELIEBTESTE POLITIKERIN IN UNSEREM LAND.«

Bei den US-Wahlen kam mit Barack Obama der erste »Social-Media-Präsident« ins Amt, Donald Trump hat angeblich maßgeblich durch Facebook Marketing Stimmen geholt. Wie wichtig sind Social Media und Big-Data-Wähleranalysen im deutschen Wahlkampf?

Social Media und Big Data sind wichtig, aber man darf das auch nicht überbewerten. In Deutschland zählt noch immer am meisten der direkte Kontakt zwischen Menschen. Daher setzen wir im Bundestagswahlkampf ganz stark auf Haustürwahlkampf und persönliche Ansprache. Wir unterstützen unsere Wahlkämpfer aber mit technischen Hilfsmitteln wie einer App, damit das noch besser funktioniert.

Ist es eigentlich eine gute Sache, dass man sich heute innerhalb weniger Klicks über alles informieren kann? Und was ist mit Fake News – worauf sollte man bei der Internetrecherche achten?

Dass wir heute in einer Zeit leben, in der Informationen online für jeden zugänglich sind, finde ich super! Wir müssen aber viel mehr darauf achten, wo die Informationen herkommen. Ich habe Geschichte studiert. Als Historiker achte ich bei Informationen automatisch sehr genau darauf, wer da was zu welchem Zeitpunkt und zu welchem Zweck gesagt hat. Das muss auch noch stärker in den Schulen vermittelt werden.

Sie selbst sind ja sehr aktiv auf Twitter. Wie wichtig ist das Medium für Sie als Politiker?
Auf Twitter sind sehr viele politische Köpfe und Journalisten unterwegs. Dialog mit Bürgern findet dort kaum statt. Für mich ist Twitter deshalb vor allem ein Informationsmedium.

»DIE MEISTEN TROLLE IGNORIERE ICH.«

Sie kennen das ja bestimmt auch: Fast jeder Post in den sozialen Medien führt auch zu Hate Comments ganz besonders freundlicher User. Trifft Sie das und wie gehen Sie damit um?
Die meisten Trolle ignoriere ich. Anders ist es bei üblen Beleidigungen und strafbaren Äußerungen. Die bringen wir manchmal zur Anzeige bei der Polizei. Denn auch als Politiker muss man sich nicht alles gefallen lassen.

Soweit ich weiß, spielen sie auch gerne mal Computerspiele. Wie muss man sich Diskussionen mit konservativen und vielleicht auch eher kritischen Parteifreunden vorstellen? Rennt man da nicht immer gegen die Wand, zum Beispiel bei der Diskussion um Ballerspiele?
Das ist ein wichtiges Thema. Ich war ja auch schon in der Jury des Deutschen Computerspielpreises. Ich erlebe immer wieder, wie offen gerade die Älteren in meiner Partei sind. Die sind neugierig und lassen sich auf Neues ein. Natürlich können viele unserer Parteimitglieder, die selbst noch Krieg erlebt haben, nicht verstehen, warum viele jüngere Menschen gerne Ego Shooter spielen. Das kann man ja auch nachvollziehen. Aber da muss man dann halt erklären, dass das Millionen Menschen machen – übrigens auch Rettungssanitäter, Sozialarbeiter oder Familienväter.

Wie kommunizieren Sie eigentlich mit Ihren Parteikollegen oder auch Frau Merkel? Noch klassisch am Telefon oder inzwischen schon über Snapchat?

Ich kommuniziere beruflich wie privat ganz unterschiedlich. Mal per WhatsApp oder SMS, mal per E-Mail, mal über Twitter oder den Facebook-Messenger. Dass die Bundeskanzlerin gerne SMS schreibt, stand ja schon häufiger in den Zeitungen.

Oft heißt es ja, dass die Wähler Politik- oder gar Politikerverdrossen sind. Liegt das mehr an den Wählern oder mehr an den Politikern?
Klar ärgern sich Menschen immer wieder über Politiker und Parteien. Und manchmal auch zu Recht. Das war schon immer so. Wir erleben aber gerade auch, dass sich wieder mehr Menschen für Politik und politische Themen interessieren. Bei Puls of Europe zum Beispiel demonstrieren Tausende Menschen jeden Sonntag für Europa. Alle Parteien – auch die CDU – freuen sich über Neueintritte. Wir erleben also eine Repolitisierung der Gesellschaft. Und das finde ich klasse. Übrigens war es dank sozialer Netzwerke noch nie so leicht, mit Politikern direkt in Kontakt zu kommen. Diese Möglichkeit sollte man auch nutzen.

Was sollten Politiker Ihrer Meinung nach ändern, damit junge Menschen sich mehr für Politik interessieren, und was tun Sie persönlich ganz konkret?
Wir müssen offen sein für neue Formate und auch auf die Themen der jungen Leute achten. Wir haben zum Beispiel sehr gute Erfahrungen mit unserem CDU Live gemacht, wo Parteimitglieder im Videochat mit Politikern über aktuelle Themen diskutieren. Und ganz wichtig: Wir müssen auch in einer Sprache sprechen, die junge Leute verstehen.

Fast jede Partei hat ja auch eine »Junge Abteilung« wie zum Beispiel die Junge Union, in der Sie ja auch aktiv waren. Wie unterscheidet sich eigentlich die politische Arbeit in der JU im Vergleich zur CDU?
Die politischen Jugendorganisationen treiben die Parteien an und sorgen dafür, dass die Themen der Jugend genügend Beachtung finden. Da kann es dann auch einmal etwas flapsiger zugehen. Ich habe in der

Jungen Union viel über Politik gelernt, was mir im späteren Leben als Politiker sehr geholfen hat. Es hat einfach Spaß gemacht, mit Leuten zusammenzukommen, die dieselben Werte wie ich haben. Und bei der Jungen Union wird auch gut gefeiert.

»ICH HABE IN DER
JUNGEN UNION VIEL
ÜBER DIE POLITIK
GELERNT.«

DIE LINKE.

- Mitglied des Deutschen Bundestages
- Vorsitzende der Linksfraktion
- Oppositionsführerin
- Legt den Finger in die Wunde

SAHRA WAGENKNECHT

LeFloid: Wie würden Sie einem Erstwähler Ihren Arbeitsalltag beschreiben?
Wagenknecht: Es ist oft ein Sechzehnstundentag, gerade in Sitzungswochen. Das reicht dann von Interviews, Fernsehauftritten, Plenarreden, Gesprächen mit Abgeordneten bis hin zu den zahlreichen Veranstaltungen, die natürlich jetzt im Wahlkampf noch einmal erheblich zunehmen. Ich versuche mir trotzdem die Zeit zu nehmen, Bücher zu lesen, denn meine Beobachtung ist, dass man sonst völlig auf den Hund kommt und sich nur noch in der Mühle schneller Nachrichten dreht.

Was ist das Schwierigste an Ihrem Amt als »Oppositionsführerin«?
Das Schwierigste dabei ist, die Bundesregierung gerade da zu stellen, wo sie sich wie eine Teflonpfanne verhält. Nehmen wir das Beispiel Türkei. Natürlich kritisiert auch die Bundesregierung Erdogans Vorgehen, aber zugleich ändert sie ihre Politik in keiner Weise. Alles geht weiter wie gehabt: Die Zahlungen, die Waffenlieferungen und die Un-

terstützung durch die Bundeswehr. Suggeriert wird aber, man sei ganz besonders kritisch. Die Bundesregierung hier zu stellen, dazu bedarf es dann auch der Arbeit kritischer Journalisten, die dann eben nachfragen, warum gerade jetzt Merkel und Gabriel Herr Erdogan mit einer Erweiterung der Zollunion unter die Arme greifen wollen.

`Macht Oppositionsarbeit überhaupt Spaß? Sie warten doch bestimmt nur darauf, dass Sie regieren können oder?`

»KRIEG UND SOZIALABBAU IST FÜR UNS NICHT VERHANDELBAR.«

Sicher würde es mir noch mehr Freude machen, Entscheidungen zu fällen, anstatt sie nur zu kritisieren. Für eine Regierungsbeteiligung ist für uns aber ganz klar: Krieg und Sozialabbau ist für uns nicht verhandelbar.

`Kritisieren Sie die Bundesregierung nicht manchmal nur aus Prinzip und nicht in der Sache?`
Nein, es geht uns um die Sache. Gerade die zunehmende Armut der Armen und der zunehmende Reichtum der Reichen sind ein tagtäglicher Skandal, für den die Bundesregierung mit verantwortlich zeichnet. Die wachsende soziale Ungleichheit zerstört den Zusammenhalt dieser Gesellschaft. Wer das nicht will, der muss handeln und die Bundesregierung stellen.

`Reicht es als Opposition, immer gegen alles zu sein, was die Regierung vorschlägt?`
Nein. Oft versucht die Bundesregierung, Entscheidungen wie im Fall der geplanten Autobahnprivatisierung heimlich still und leise an der Öffentlichkeit vorbei durchzusetzen. Hier sind wir als Fraktion gefragt, den Finger unmittelbar in die Wunde zu legen und diese Entscheidung, die massive Zusatzkosten für die ganz normalen Leute bedeutet, hart anzugreifen.

Hat die Regierung Vorteile im Wahlkampf, weil die Opposition den Wählern nicht zeigen kann, was sie für Gesetze erlassen hat?

Sagen wir einmal so: Die Bundesregierung versucht sich Vorteile zu verschaffen, indem sie den Regierungsapparat für Dinge einsetzt, die zumindest für Regierungshandeln werben, wie etwa die Werbeanzeigen der Bundesregierung für eigene Projekte, die ja mit dem Geld der Steuerzahler und Steuerzahlerinnen finanziert werden. Hier müssten eigentlich strengere Kriterien her, die dies zumindest stärker einschränken.

Ist es andersrum aber nicht auch einfacher, irgendwelche Forderungen – beispielsweise zum NATO-Austritt – zu stellen, die sich in der Realität gar nicht umsetzen ließen?

DIE LINKE fordert die Auflösung der NATO und den Austritt aus den militärischen Strukturen, gerade um nicht wie im Fall Libyen bei den NATO-Kriegen sich mit zu beteiligen, obwohl es keinerlei Entsendebeschluss des Bundestages gibt. Die Auflösung der NATO hatte im Übrigen noch die SPD in ihrem Berliner Programm. Hier geht es um ganz harte Fragen der Sicherheit und des Friedens in Europa, da darf man die schlimme Entwicklung der NATO, gerade auch ihr Heranrücken an die Grenzen Russlands, nicht ignorieren.

Haben Sie das Gefühl, dass Sie als Oppositionsführerin heraus Politik aktiv gestalten können – insbesondere, wenn Sie einer Großen Koalition gegenübersitzen?

Viele Debatten würde es ohne uns gar nicht geben. Einmal die Debatte um das verheerende Freihandelsabkommen CETA beispielsweise, wo wir als parlamentarischer Arm einer riesigen Protestbewegung fungieren.

»VIELE DEBATTEN WÜRDE ES OHNE UNS GAR NICHT GEBEN.«

Hier kann dann auch eine große Koalition nicht einfach durchregieren und die Senkung sozialer und ökologischer Standards so einfach durchsetzen. In der Friedenspolitik sehen wir uns sogar einer ganz großen Koalition gegenüber, weil wir die Einzigen sind, die konsequent Auslandseinsätze der Bundeswehr ablehnen. Ohne uns hätte die Bevölkerungsmehrheit, die diese Einsätze ablehnt, gar keine Stimme mehr und es wäre wesentlich einfacher und ungestörter, hier noch mehr Bundeswehreinsätze und weitere Aufrüstungen auf den Weg zu bringen.

`Wieso sind Sie eigentlich Oppositions-»führerin«?`
`Stimmen Sie sich mit anderen Oppositionsparteien bei`
`Ihrer Regierungskritik ab?`
DIE LINKE ist die stärkste Oppositionspartei, auch wenn dies sich oft in der medialen Präsenz nicht ausreichend widerspiegelt. Eine Koalition in der Opposition mit den Grünen würde wenig Sinn machen, da wir in zentralen Punkten ganz andere Positionen vertreten. Zwei Beispiele: Agenda 2010 und Bundeswehreinsätze. Zudem gehen die Grünen mit ihrem Spitzenduo jetzt den Grün-schwarzen Weg, und der heimliche Vorsitzende Herr Kretschmann koaliert mit der Union. Wer etwa Abschiebungen nach Afghanistan befürwortet, scheint mir doch sehr weit entfernt von einer grünen Programmatik. Ich hoffe aber, dass, wenn die Grünen sehen, dass dieser Rechtskurs im Desaster endet, sie sich wieder stärker auf eine linke grüne Programmatik einlassen.

»DIE LINKE IST DIE STÄRKSTE OPPOSITIONSPARTEI.«

`Sind Sie privat eigentlich mit Politikern anderer`
`Parteien befreundet und wie kann ich mir einen gemüt-`
`lichen Abend dann vorstellen?`
Ja, ich habe auch zu Politikern anderer Fraktionen ein menschlich gutes Verhältnis, auch wenn uns politisch viel trennt. Wir gehen dann zusammen essen. Aber oft bleibt wenig Zeit dafür, Freundschaften zu pflegen, so wie sie es eigentlich verdienten.

`Wie funktioniert die Zusammenarbeit mit anderen Oppo-`
`sitionsparteien in Europa?`
Es gibt zum einen die Europäische Linke, wo diese Zusammenarbeit

ganz institutionell stattfindet, aber dann auch einen regen Austausch etwa mit dem französischen Präsidentschaftskandidaten Mélenchon, der mit fast 20 % bei den Präsidentschaftswahlen ein sensationelles Ergebnis erzielt hat und der leider nicht in die Stichwahl gekommen ist, weil die französische Sozialdemokratie nicht zu seiner Wahl aufgerufen hat, obwohl sie wusste, dass damit Le Pen aus der Stichwahl hätte herausgehalten werden können. Ich bin dafür, dass wir eine Zusammenarbeit mit jemandem wie Mélenchon in jedem Falle intensivieren.

`Wo sollte ich anfangen, wenn ich auch Politik machen will? Bis man etwas bewegen kann, dauert es ja bestimmt sehr lange.`
Jeder kann etwas bewegen. Man muss nur den Mut für den ersten Schritt haben. Auch da wäre es eine Illusion zu glauben, man könnte nur etwas verändern, wenn man eine bestimmte Position innehat.

`Gefühlt wird man als Politiker eigentlich nur kritisiert und bekommt negative Presse – wie gehen Sie damit um?`
Da braucht man in jedem Falle ein dickes Fell. Was immer hilft, ist bei mir zumindest der enorme Zuspruch aus der Bevölkerung, die vielen, vielen positiven Rückmeldungen per Email, Brief oder über die sozialen Netzwerke. Das baut mich sehr auf.

`Was macht Ihrer Meinung nach denn eine gute Regierung und eine gute Opposition aus?`
Eine gute Regierung macht das Land sozialer und friedlicher, eine gute Opposition macht Druck für Frieden und soziale Gerechtigkeit. Außerdem stellt sie eine Bundesregierung, wie die aus Union und SPD, die allein auf ein »weiter-so« zum Schaden von Beschäftigten, Studierenden und Rentnern setzt.

LeFloid mit Jonas Lanig

Bildnachweis

LeFloid-Vignetten: S. 11 f. ©Studio71; **LeFloid-Portrait:** S. 12 f. ©Julia Zimmermann/laif; **LeFloid-Icon:** S. 103 f. ©Boris Lehfeld

S. 2/3: shutterstock ©Angel Soler Gollonet; **S. 11** Angela Merkel: Armin Linnartz CC BY-SA 3.0, commons.wikimedia.org; Demonstranten: shutterstock ©Tribalium; **S. 22:** shutterstock ©travelview; **S. 28** Currywurst: shutterstock ©r. classen; **S. 29:** Norman Forster: ©bigbug21 CC BY-SA 2.5, commons.wikimedia.org; Reichstagskuppel: shutterstock ©katjen; Menschen: shutterstock ©ASDF_MEDIA; **S. 35:** Reichstag: shutterstock ©4kclips; **S. 52** Silhouette: shutterstock ©grum_l; **S.52/53** Heinz Riesenhuber und Mahmut Özdemir: Foto-AG Gymnasium Melle CC BY-SA 3.0, commons.wikimedia.org; **S. 65:** shutterstock ©Sergio Schnitzler; **S. 66** Bücher und Hammer: shutterstock ©valzan; Justitia: shutterstock ©r. classen; Erster Senat Bundesverfassungsgericht: Bundesverfassungsgericht.de ©Bundesverfassungsgericht, lorenz fotodesign, Karlsruhe; **S. 76:** shutterstock ©Klau; **S. 83:** Fahne: shutterstock ©Traudl; Hände shutterstock ©Micolas; Soldaten: shutterstock ©Edvard Molnar; **S. 99:** shutterstock ©Kobzev Dmitry; **S. 116:** shutterstock ©Africa Studio; **S. 121** Merkel-Illustration: shutterstock ©Olga Tropinina; **S. 151** Hans-Dietrich-Genscher-Haus: shutterstock ©cbies; Willy-Brandt-Haus: shutterstock ©Cineberg, Angela Merkel: shutterstock ©360b; **S. 160:** shutterstock ©Karramba Production; **S. 170** Bundestag Plenarsaal: Times CC BY-SA 3.0, commons.wikimedia.org; **S. 171** Zigarette: shutterstock ©xpixel; Chips: shutterstock ©exopixel; **S. 188** Klopapier: shutterstock ©Africa Studio; **S. 189** Pop-Art-Frau: shutterstock ©Irina Levitskaya; **S. 192** Megafonmann: shutterstock ©pixelstock; Greenpeace: shutterstock ©Tinxi; **S. 202:** ©pixabay; **S. 103** Mikro: shutterstock ©Bohbeh; **S. 218:** shutterstock ©ra2studio; **S. 228:** Kamenetskiy Konstantin; **S. 233:** shutterstock ©qvist; **S. 245:** shutterstock ©AR Pictures; **S. 255:** shutterstock ©urfin; **S. 264:** shutterstock ©Denphumi;

Abbildungen Politiker (Interviews):
S. 204: ©Bundesverfassungsgericht. lorenz.fotodesign; **S. 212:** ©ToKo. dorothee.baer.de; **S. 219:** ©Susie Knoll. spdfraktion.de; **S. 229:** ©DIE LINKE im Bundestag; **S. 234:** ©Staatsministerium Baden-Württemberg; **S. 239:** ©Alexander Graf Lambsdorff; **S. 246:** ©Christian Lindner. christian-lindner.de; **S. 251:** ©thomasdemaiziere.de; **S. 256:** ©afd.de; **S. 259:** ©Tobias Koch. petertauber.de; **S. 265:** ©linksfraktion.de

Illustrationen: Christina Hucke

Inhalt Fun-Facts:

©Datenhandbuch zur Geschichte des Deutschen Bundestages. http://www.bundestag.de/dokumente/parlamentsarchiv/datenhandbuch, mit freundlicher Genehmigung des Pressereferats des Deutschen Bundestages.

Literatur:

Jonas Lanig: **Politik begreifen, Demokratie leben**; Verlag an der Ruhr (2009)

Stefan Marschall: **Demokratie**; Bundeszentrale für politische Bildung

Gerd Schneider/Christiane Toyka-Seid: **Das junge Politik-Lexikon**; Bundeszentrale für politische Bildung

Klaus Schubert/ Martina Klein: **Das Politiklexikon. Begriffe, Fakten, Zusammenhänge**; Dietz (2016)